小学 2 年
教室内外の様子

学習を生かして七夕飾り

図工の切り紙を生かした笹飾りです。学習と生活がつながっていると，学ぶ楽しさも増します。

玄関に「外遊びOK？」掲示

気温や天気により可否を決め掲示すると，自分たちで見て行動できます。表裏で○と×になっています。

きれいに片づけるコツを子どもに伝授する

生活科で使う探検バッグは，ひもがロッカーから垂れていると，引っかかりやすく見た目も悪いです。写真のようにひもを金具に挟んでから片づけるときれいに収まります。

掲示物の様子
[教室側面・背面]

いいこと成る木
よいところはどんどん紹介します。

掲示板の空きスペースを生かして
子どもが折った折り紙で楽しい掲示板にします。

日常の活動を価値づける掲示
当番活動や係活動，何気ない日常などから，よい姿，がんばる姿を写真で紹介しています。

黒板の様子

[教室前面]

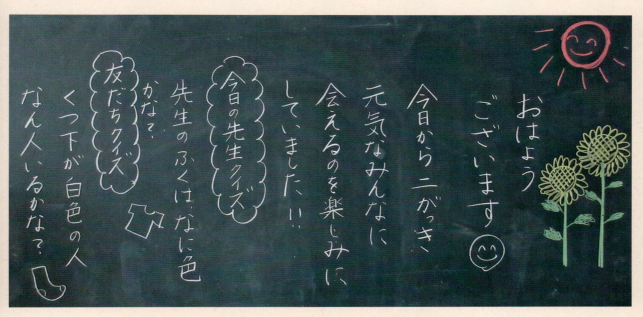

みんなに会うのが楽しみになる出迎えの黒板
初日の朝は，ちょっとしたクイズを書いて，先生やみんなに会うわくわく感を高めます。

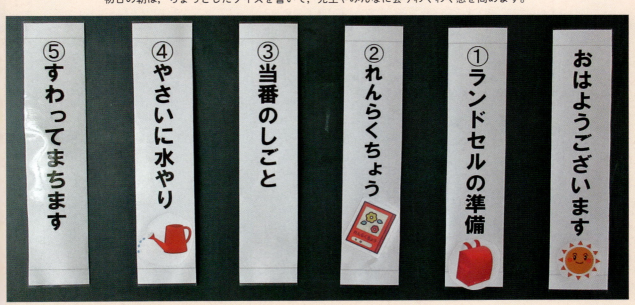

自分で動けるように
朝の動きなどは視覚化し，自分で動けるようにします。カードにマグネットを付けて作っておけば，いつでもスケジュールに合わせて貼れて便利です。

教室アイテム＆グッズ

トークのネタカード

朝の会で，日直がスピーチをするときに使います。自由に話すのは難しくても，お題が選べると話しやすくなります。自由なお題にしたい子のために何も書いていないカードもあります。

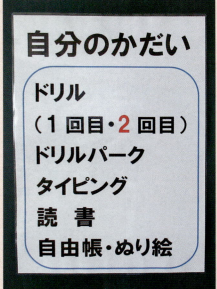

すきま時間の指示

テストが終わったときなど，空いた時間にやることは掲示を作っておくと便利です。

くじ引きBOX

何かを決めるとき，何かと役立つのが，くじ引きです。

「つかっていいよ」のコーナー

係活動や休み時間に，自由に使える紙やペンが用意してあると，自主的に動き出します。

岡田　順子

ロケットスタート
シリーズ★

小学 **2** 年の

学級づくり
&
授業づくり
12か月の仕事術

松下 崇 編

チーム・ロケットスタート 著

多賀一郎 協力

明治図書

シリーズ刊行に寄せて ～かゆいところに手が届く一冊～

　今，学校現場では，教員不足が全国的・慢性的になってきて，先生方に負担が重くのしかかっています。元々時間が足りなかったのに，休職者が出ても代わりの先生は見つからず，現場の先生方の仕事量がどんどん増えていくのです。

　小学校の先生方は，一日にいくつもの教科を担当して，日々実践していかねばなりません。どの教科も完璧に準備をして臨むなどということ自体，至難の業です。

　さらにここ数年，主体的・対話的で深い学び，個別最適な学びと協働的な学び，インクルーシブ教育，外国語・道徳の教科化など，新しい課題がどんどん増えてきています。タブレットも活用しなければなりません。これらの課題には，従来の教育，授業実践を踏襲することでは通用しないことが多く含まれています。

　例えば，文部科学省の調査で，学級担任等が回答した学習面または行動面で著しい困難を示す児童生徒の割合が8.8％にのぼるなど，もはや発達障害などの特別な支援を必要とする子供への手立ては当たり前のことになりました。では，その子たちと共に学級づくりをするには，何が必要なのでしょうか。

　全国学力テストが完全CBT（Computer Based Testing）化しようとなるなかで，現場ではタブレットを，いつ，どのように使っていけばよいのでしょうか。どの学年でタブレットをどの程度指導するべきなのかも考えていかねばなりません。

　考えだすとキリがないくらいに課題が山積なのです。

　このような状況下で，新しい学年を担任したとき，何をどうしたらいいのかと困惑する先生方も多いのではないでしょうか。

　その戸惑いに応えるべくつくられたのが本シリーズです。

　本シリーズは，学級開きから様々な教科の授業開きにはじまって，一年間を通した具体的な指導の在り方を示しています。

「困ったら，とりあえず，こうすればいい」

ということを中心に，各地の実践家に執筆していただきました。多岐に渡る課題にもていねいに対応できていると自負しています。

　多忙な日々を送るなかで，手元に置いておき，必要に応じて活用できるシリーズです。

　自信をもってお届けします。ぜひ，スタートにこの一冊を。

多賀　一郎

はじめに

　この本を手に取った多くの方は，年度末から年度はじめに管理職から「２年生をお願いします！」と伝えられたのではないでしょうか。今，どのような気持ちでいますか？

　「充実した一年間にしたいな！」と希望に満ちているでしょうか。「一年間うまくやっていけるのかな……」と不安な気持ちになっているのでしょうか。「何から手をつけていいのかわからず，とりあえずこの本に手を伸ばしてみた」という方もいらっしゃると思います。

　ここ数年，学校現場は，以前よりもさらに厳しい状況になってきているように感じます。もともと膨大な業務量がありましたが，社会の変化とともに，新たな対応がさらに求められるようになりました。特に新型コロナウイルス感染症への対応以降，子どもたち一人一人に対してこれまで以上にきめ細かな対応が求められ，担任のやるべきことが格段に増えたように思います。教員不足が深刻化し，新聞やニュースでも頻繁に取り上げられるようになりました。経験年数の浅い教員が増え，これまでよりも早く学年主任を任されることが当たり前になってきています。

　学級がスタートする４月は，特に大切な時期だといわれます。しかし，４月だけがんばればよいのかといえば，そうではありません。一年は12か月あり，毎日の積み重ねで一年は成り立っています。無我夢中にがんばってみたものの，思い描いていたものとはまったく異なる困った状況になってしまうこともあります。一年間を見通し，意義のある取り組みを積み重ねていくことが重要になります。うまくいかないこともあるかもしれませんが，一つ一つの取り組みが積み重なった結果，ふと周囲を見回したときに「ロケットスタートとなっていたな」と気がつくのでしょう。

　そんな学校現場や先生方，子どもたちを思い浮かべながら，今の時代に合った取り組みがなされるように本書を企画し，力のある方々に執筆を依頼しました。本書の執筆を担当された方々は，学校現場で子どもたちと向き合い，苦しむこともありますが，それでも前進し，成果を出してきたスペシャリストたちです。学級づくりや授業づくりにおいて，何を大切にし，どのようなことを行うとよいか，具体的にわかりやすく示していただきました。ぜひ，この本を片手に同僚とともによりよい指導方法を模索し，一年間，安定した日々を過ごしてほしいと思います。

　この本が読者の皆様のお力になり，子どもたちとそれにかかわるすべての方々にとって，充実した毎日となることを願っております。

編者　松下　崇

本書活用のポイント

2年生を担任する一年はとっても楽しい！

子どもたちとどんな一年を過ごすことができるのか，月ごとにどんなイベントや仕事があるのか，見通しをもち，わくわくできるように本書を構成しています。

> 学級づくり・授業づくりの基本をチェックしよう！

指導のポイント & 準備術
➡ 12ページへ GO

> ゴールイメージをもって12か月を見通そう！

 学級づくりのポイント
今月の見通し

➡ 64ページへ GO

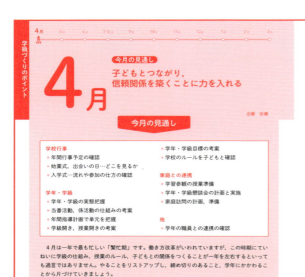

最初が肝心！
一週間をバッチリ乗りきろう！

学級開き
⇒ 34ページへ GO

学級づくりは授業づくり！
子どもの心をつかもう！

授業開き
⇒ 46ページへ GO

学年の要所を押さえ
授業研究にいかそう！

★ **授業づくりのポイント**
学習内容例　身につけたい力＋指導スキル　⇒ 178ページへ GO

授業づくりのポイント

国語
学習の要所と指導スキル

渡邉 克吉

★ 学習内容例

月	学習内容例
4月	・話の内容を確かめながら物語の音読をする。[読むこと] ・自分が経験したことをもとに、日記を書く。[書くこと]
5月	・話を聞くときに大切なことは何か考え、話し合う。[話すこと・聞くこと] ・どんな順序で説明しているのかを確かめながら説明文を読む。[読むこと]
6月	・観察するものを決めて、観察したことを記録する文章を書く。[書くこと] ・物語を読み、好きなところを伝え合う。[読むこと]
7月	・質問をしたり、質問されて答えたりしながら考えを深める。[話すこと・聞くこと] ・お気に入りの本を紹介する。[読むこと]
9月	・相手に正しく伝わるように、わかりやすい話し方を考える。[話すこと・聞くこと] ・説明文を読んで考えたことをまとめたり、友達に話したりする。[読むこと]
10月	・物語を自分と比べて読み、登場人物に向けた手紙を書く。[読むこと] ・言葉を集めて季節のカードを作り、感想を伝え合う。[書くこと]
11月	・友達の困り事や相談事への解決方法について話し合う。[話すこと・聞くこと] ・説明文を読み、筆者の説明の仕方の工夫について話し合う。[読むこと] ・時間や事柄の順序に気をつけながら、説明する文章を書く。[書くこと]
12月	・物語を読んであらすじをまとめたり、その物語を紹介する文章を書いたりする。[読むこと] ・絵を見て考えたことをもとに、物語をつくる。[書くこと]
1月	・説明文を読み大事だと思ったことをまとめたり、調べたことを紹介する文章を書いたりする。[読むこと]
2月	・経験したことをもとに詩をつくる。[書くこと] ・一年間を振り返り、友達のよいところなどを手紙に書く。[書くこと]
3月	・物語を読んで一番心に残ったことを友達と伝え合う。[読むこと] ・一年間を振り返り、自分の成長したことについて発表する。[話すこと・聞くこと]

★ 身につけたい力

国語科で身につけたい力を捉える際に、拠りどころとなるのはやはり学習指導要領です。学習指導要領（平成29年告示）においては、国語科の目標として「言葉による見方・考え方を働かせ、言語活動を通して、国語で正確に理解し適切に表現する資質・能力」を育成するとしています。そのうえで低学年の目標が次のように示されています。

【知識及び技能】……(1)日常生活に必要な国語の知識や技能を身に付けるとともに、我が国の言語文化に親しんだり理解したりすることができるようにする。
【思考力、判断力、表現力等】……(2)順序立てて考える力や感じたり想像したりする力を養い、日常生活における人との関わりの中で伝え合う力を高め、自分の思いや考えをもつことができるようにする。
【学びに向かう力、人間性等】……(3)言葉がもつよさを感じるとともに、楽しんで読書をし、国語を大切にして、思いや考えを伝え合おうとする態度を養う。

第1学年及び第2学年においては「日常生活に必要な国語の知識や技能を身に付けること」や「順序立てて考える力」「自分の思いや考えをもつこと」などに重点が置かれています。2学年のまとまりごとに目標が示されているので、入学からの二年間の中で、これらの目標の達成を目指すということがわかります。
では、2年生の段階で身につけたい国語の力について具体的に考えてみましょう。土居(2022)は国語科で身につけさせたい力を「言葉の力」とし、実際に行う行為に即して「言葉を使って考えたり、話したり、聞いたり、書いたり、読んだりする力」と捉えるとわかりやすいと述べています。国語科は言葉そのものを学ぶ教科です。国語の授業のみならず、他教科の授業においても必要な言葉の力を育むと考えると、非常に重要な教科であることがわかります。
2年生においては、1年生での学習をふまえ、より思考を伴う言語活動を通して、言葉の力を高めていくことがポイントであるといえます。2年生の時期は学校生活にも慣れ、様々な活動に意欲的に取り組むことができると思います。新しい物語や説明文を読んだり、自分で文章を書いたり、友達と話し合ったりする活動を通して言葉のおもしろさや、学ぶことの楽しさを経験させていきたいです。そして何よりも、楽しみながら言葉の力を身につけていけるような授業づくりを考えていきましょう。

★ 話すこと・聞くことのポイントは、よい聞き手を育てること

2年生の話すこと・聞くことの指導のポイントとして、「よい聞き手」を育てることが挙げられます。話すことの指導も聞くことの指導もどちらも大切ですが、まずは「よい聞き手」

005

Contents

シリーズ刊行に寄せて　002
はじめに　003
本書活用のポイント　004

第1章

小学2年の学級づくり＆授業づくり
指導のポイント＆準備術

- 小学2年　ゴールイメージと一年間の見通し ……………………………… 012
- 教室環境＆レイアウト ……………………………………………………… 016
- 学級のルールづくり ………………………………………………………… 018
- 授業のルールづくり ………………………………………………………… 020
- 苦手さのある子への配慮ポイント ………………………………………… 022
- 学級担任として必ず知っておきたいこと ………………………………… 024
- チェックリストでわかる！入学式・始業式までに必ずしておくべきこと …… 026

第2章

成功するロケットスタート！
小学2年の学級開き＆授業開き

学級開き

- 学級開きとは ………………………………………………………………… 034
- 1日目 ………………………………………………………………………… 036
- 2日目 ………………………………………………………………………… 038
- 3日目 ………………………………………………………………………… 040
- 4日目 ………………………………………………………………………… 042
- 5日目 ………………………………………………………………………… 044

Rocket Start!!

授業開き

- 授業開きとは ………………………………………………………… 046
- 国語 ………………………………………………………………… 048
- 算数 ………………………………………………………………… 050
- 生活 ………………………………………………………………… 052
- 音楽 ………………………………………………………………… 054
- 図画工作 …………………………………………………………… 056
- 体育 ………………………………………………………………… 058
- 特別の教科　道徳 ………………………………………………… 060

第3章
小学2年の学級づくり＆授業づくり
12か月の仕事術

学級づくりのポイント

4月

- 今月の見通し 子どもとつながり，信頼関係を築くことに力を入れる ………… 064
- レク 出会いのレク＆アイスブレイク …………………………… 066
- ICTのルールと準備 ……………………………………………… 068
- 掃除指導 …………………………………………………………… 070
- 給食指導 …………………………………………………………… 072
- 当番活動 …………………………………………………………… 074
- 係活動 ……………………………………………………………… 076
- 家庭訪問 …………………………………………………………… 078
- 出会いの場での読み聞かせ ……………………………………… 080

Contents

5月
- **今月の見通し** 行事を利用し，目標に向けてがんばる経験で成長を促す …… 082
- 学級目標の決め方・生かし方 …… 084
- 5月以降の座席の決め方 …… 086
- 運動会 …… 088
- 離席が多くなってきた気になるあの子への対応 …… 090

6月
- **今月の見通し** 子どもとの個別の時間を意図的にとってつながる …… 092
- 学級ルールの見直し …… 094
- 梅雨時の中遊び …… 096
- **レ ク** 停滞期を突破！レク＆アイスブレイク …… 098
- 2回目以降の学習参観 …… 100
- 友達とのトラブルが増えてきた気になるあの子への対応 …… 102
- 保護者電話・連絡帳対応 …… 104
- 季節を絵本で感じる読み聞かせ …… 106

7・8月
- **今月の見通し** 1学期のがんばり・成長を見つけ，伝える …… 108
- お楽しみ会① …… 110
- 多様な子どもたちが心地よく過ごせるための工夫 …… 112
- 夏休み前の個人面談 …… 114
- 教師力を高める充実した夏休みの過ごし方 …… 116

9月
- **今月の見通し** 休み明け，確認と新しいことの導入でリスタート …… 118
- 夏休み明けのリスタート …… 120
- 公開研究授業の乗り越え方 …… 122
- 登校を渋り出した気になるあの子への対応 …… 124

Rocket Start!!

10月

- **今月の見通し** 学校行事を通して満足感，成功体験を味わわせる …… 126
- 遠足 …… 128
- 友達と関わらない気になるあの子への対応 …… 130
- お話を楽しむ秋の読み聞かせ …… 132

11月

- **今月の見通し** 日々の予防で危機の時期を乗りきる …… 134
- 学習発表会 …… 136
- **レ　ク** 人間関係の固定化を防ぐレク＆アイスブレイク …… 138
- いじめかな？と気になるあの子への対応 …… 140

12月

- **今月の見通し** 子どもを捉え直し，成長を実感させる …… 142
- お楽しみ会② …… 144
- バリアを取り除くマインドセット …… 146
- 冬休み前の個人面談 …… 148
- 教師力を高める充実した冬休みの過ごし方 …… 150

1月

- **今月の見通し** 3学期を楽しく，わくわくした気持ちでスタートする …… 152
- 冬休み明けのリスタート …… 154
- **レ　ク** 冬休み明けのレク＆アイスブレイク …… 156
- 振り返りを生かす …… 158
- 道徳的な価値を伝える昔話の読み聞かせ …… 160

2月

- **今月の見通し** もうひと伸びのレベルアップを仕組む …… 162
- 学年末の学年・学級懇談会 …… 164
- 次年度に引き継ぎたい気になるあの子への対応 …… 166

3月

- **今月の見通し** 自分を勇気づける担任が子どもを勇気づけることができる …… 168
- 子どもたちに寄り添う成長発表会 …… 170
- クラス納め …… 172
- 大切なことを絵本を通して届ける読み聞かせ …… 174
- 教師力を高める充実した春休みの過ごし方 …… 176

Contents

授業づくりのポイント

- 国語　学習の要所と指導スキル 178
- 算数　学習の要所と指導スキル 182
- 生活　学習の要所と指導スキル 186
- 音楽　学習の要所と指導スキル 190
- 図画工作　学習の要所と指導スキル 194
- 体育　学習の要所と指導スキル 198
- 特別の教科　道徳　学習の要所と指導スキル 202

執筆者紹介　　206

第 1 章

小学 2 年の学級づくり＆授業づくり
指導のポイント＆準備術

小学2年
ゴールイメージと一年間の見通し
2年生の現状とゴールイメージから考える対応のコツ

近藤　佳織

★ 今どきの2年生　周りから思われている特徴と現状

　2年生は学校生活を一年経験し，おおよそ集団生活に慣れています。仲間とのかかわりが活発になり，安定し始めてきた子も増えています。2年生の特徴や強みとしては，万能感がまだ大きく「なんでもできる」「やりたい！」と言えること，また一年間の学校生活経験があり，一日の流れ，学校のきまり，学校の年間の流れなどを知っているということがあります。

　一方で，身体面，精神面の差が大きく，すでに学校に慣れてたくましい子，行動範囲の広い子がいる反面，不安な子，かかわりの薄い子，まだ学級という集団になじめない子もいます。

　以前から2年生は「一番安定している時期」といわれ，初任者や経験の浅い先生が持つことも多く，安定した学級経営が行われやすい学年と捉えられている節もあります。

　しかし，担任しやすいと思われている反面，意外と配慮が必要で大切な学年ともいえます。例えば，学習する漢字は80字から160字と倍増し，国語の教科書の分かち書きもなくなります。多くの学校では6時間目がある曜日ができます。算数ではこの先に大きくかかわる九九の学習もあります。2年生のとき，様々な事情で学級が荒れ，学ぶ習慣が形成されなかったことがその後に大きな影響を及ぼすことは想像に難くありません。

　また，1年生のときのように様々な場面で6年生に助けてもらう機会が激減します。学校全体で注目される場面も減るでしょう。後輩が入学してきたことで急にお兄さんお姉さん的なふるまいを求められがちでもあります。

　義務教育スタートの1年生や常に学校の流れにかかわる6年生と比較すると，教師が先を見通しにくくても経営できる面はありますが，一昔前のように「素直」「安定しやすい」とはいかない面があります。

　近年，特別支援教育コーディネーターとして2年生の相談を担任や保護者から受けることが増えています。年齢相応に身につけてほしい力がついていないまま入学し，1年生段階を過ごし，基本的生活習慣や自分のことを自分でできるようにする，人とのかかわりの基本などを身につけるといった必要のある子が増加している実感があります。

　この数年，感染症により乳幼児時代に制限があったことなど，背景や理由は様々考えられま

すが，２年生だから学校生活の流れにのることができる，ルールをわかっていると教師が思わないことが大切です。

　まずは，１年生のときに教えたように登校から支度完了までの朝のルーティン，ランドセルのしまい方，靴の入れ方，ロッカーの使い方，席を立つときは椅子を入れることなどを確認します。また，時間になったらやめる，片づける，次の活動に切り替えることができるように，時には言葉で短く，繰り返し，根気よく教えていく，なぜそうするのか意味を伝える，できている子を褒め，広げていく……など工夫して指導することが求められます。

⭐ 「みんなと何かする，かかわるのは楽しい」経験を

　先に今の２年生の難しさを記しましたが，学校生活を経験していること，やりたい気持ちを表せる発達段階などは大きな魅力でもあります。学校生活の流れがわかる経験を生かし，自分たちで決め，実行する楽しさを味わわせたいと考えます。

　例えば，係活動やお楽しみ会を最初は教師から提案や例示などをしながら計画・実行して成功したら，徐々に任せる部分を増やしていくことが考えられます。

　また，授業や日常の中で仲間と力を合わせて達成できる課題を設定し，達成できたことを共有し喜び合うなどもよいでしょう。大きなイベントだけでなく，日常の個人の優しい言動，友達とのかかわりなどから様々な成長を写真やビー玉貯金などで可視化して共有し，自分や学級の成長を実感する，喜び合える場を工夫していきたいものです。

　２年生が終わるころに「みんなと何かをすることは楽しい」と学校や仲間に対する肯定的な気持ちをもたせて進級させたいと考えます。

⭐ 基本は予防と勇気づけ

　問題行動やトラブル，不登校などはどの学年のどのクラスでも起こりうるものだという前提に立ちながらも，基本は起きないような予防をし，起きた際には初期対応で小さいうちに収めることです。そうした基盤には子どもを温かく見つめ，意欲を育てる勇気づけがあると考えています。

　今の時代は子どもだけでなく子どもの後ろにいる保護者に対しても，勇気づけることが必要だと感じています。何年生を担任してもどんな分掌を担当しても，私の関係づくり，対応のベースには「勇気づけ」があります。

　「勇気づけ」について，岩井は「困難を克服する努力を育てること」と定義し，その必要性を述べています。私が勇気づけを意識して子どもや保護者に向き合っているのは，かかわることでちょっとしたチャレンジ，困難と感じることへの挑戦意欲をもたせることができたら，3

年生になってもその先も，自分を信じて学校生活やその先の生活を送っていけるのではないかと考えるからです。

　例えば，何かができたかできなかったかの結果のみに注目するだけでなく，前と比べてどうかを見る，取り組みの過程に注目する，関心を示す，好意や感謝を伝えるなどがあります。出会ったばかりのこの時期だからこそ，朝や給食のちょっとした時間，授業での応答やノートのコメントなど様々な場面で個別のやりとりをもつよう意識しましょう。

　人は，どの発達段階でも，成長しよう，伸びたい，今よりできるようになりたいという気持ちをもっています。

　できるようになりたい，人とかかわりたいという思いをもつ子に対し，できている点や，もっているもともとのよさに注目します。どうなりたいかを確認し，選択肢を示す，できそうな手立てを一緒に探すなどその子との合意により決めることが，その子の実行を後押しする大きな勇気づけともいえるでしょう。そうした担任の姿勢は年間を通して継続します。

 まずは子どもとの信頼関係を築く

　どの学年を受け持っても，担任に対する基本的な安心と信頼関係を築くことが必要です。先生のことが好き，先生が言うのだから，なんとなくこの先生いいかも……という気持ちをもってもらえなければ，どんな指導も受け入れてもらえないからです。

　2年生には愛情をわかりやすく，惜しみなく，繰り返し伝えるようにしています。具体的な言葉かけとしては，「○○さん」と名前を呼ぶことや，「おはよう」「ありがとう」「大好きだよ」「がんばっているね」「きっとできるよ」「大丈夫だよ」「助かる」などがあるでしょう。いつも教室に明るく笑顔で機嫌のいい担任の先生がいることそのものが安心できる人的環境になります。

　担任が1年時からの持ち上がりであれば，ある程度関係ができていることを前提に4月は新しく決めることが少なく済む可能性もあるでしょう。学級づくりのスタートが早くできる分，前年からのレベルアップを子どもに伝え，さらなる伸びを求めたいものです。

　また，学級解体がなくメンバーは変わらずに担任のみ変わった場合もあるでしょう。1年生時のルールや当番活動の決め方などは最初から一新するのではなく，子どもや学年の職員に聞いたり，子どもの実態を把握したりしながら徐々に合わせていくとよいと考えます。「去年はこうだった」「去年の方がいい」と過去の経験から今の不具合を口にする子たちもいます。子どもにとってわかりやすく，慣れており特に不都合がなければ仕組みなどをすべて決め直す必要はないでしょう。

　しかし，担任としての考えがあり，明らかに変えた方がよい場合は，こうした方がこのようによいというメリットをわかるように伝え，「〜したいのだけど，どうかな」と提案し子ども

の合意を得る形で仕組みを新しくする，新しいことを取り入れるようにします。

⭐ 保護者の理解を得る

　２年生の保護者の中には，１年生の一年間を過ごしたことから「大丈夫だな」と安心し，急に手や目を離してしまいがちな方もいます。もちろん子どもが自分のことを自分でできることは大切なことです。しかし，「もう２年生になったのだから」と急に連絡帳，音読などのサインをしなくなる方もいます。学年・学級だよりなどで担任としての考えを知らせ，徐々に手を離していくとしてもまだまだ目をかけ続けてほしい，ということを伝えます。

　１年生のときには毎日確認していただいたから確実に出ていた提出物などが，２年生になって急に滞り始めるケースもあります。最近は携帯アプリに添付する形の配信も増え，紙媒体でのおたよりが減りました。配信するシステムになり，おたよりを持ち帰らない，見せないというデメリットは減りました。しかしその分，見てくださるだろうという思い込みや，保護者もデジタルで見たつもりが詳細の確認不足になる可能性もあります。アプリを上手に活用しながら連絡帳や電話など従来のものも併用し，必要なコミュニケーションやお願いはしていきたいものです。

　中でも第一子の保護者，一人っ子の保護者は学校に対する不安や心配が大きい方が多いと経験から感じています。保護者の信頼を得る，安心していただくことが子どもの安心や成長にもつながります。丁寧に誠実に対応することを忘れないようにしたいです。

□今どきの２年生について知っておく（周りから思われている特徴と現状）
□「みんなと何かする，かかわるのは楽しい」経験を積ませる
□基本は「予防」と「勇気づけ」である
□まずは子どもとの信頼関係を築く
□保護者の理解を得る

【参考・引用文献】
●岩井俊憲著『勇気づけの心理学』金子書房

教室環境＆

ロッカー

〈ロッカー整理は定期的に時間をとる〉
机の引き出しには入らない，音楽・書写・生活科・道徳の教科書，単元バッグ，粘土，1人1台端末，プリントを綴じたファイル，ランドセルなどを入れておきます。金曜日の帰りなど定期的に整理する時間をとります。

〈ランドセルの入れ方〉
ランドセルは開閉部が奥になるように入れることを指導します。ベルトが手前に出ていると，ぶつかった場合，ケガにつながりかねないためです。

壁面掲示

〈年間の流れがわかるように〉
後方壁面には毎月の活動，子どもの誕生日，集合写真等を掲示します。集合写真を撮り続けるなら毎回同じ場所で撮ります。並ぶ位置やその変化から関係を考えるヒントにしました。

掃除用具

〈ほうきに印をつけておく〉
ほうきの柄の部分を持ったとき，前になる部分にテープやシールで印をつけておきます。この印が見えるように持って掃くことを教えます。

レイアウト

近藤　佳織

教師机

〈タイムタイマーの使用〉
時間のように目に見えないものを見える化するため「タイムタイマー」を使用し，残りが見てわかるようにします。

〈教師机は時期により移動する〉
春は教師机を教室前方に置きます。子どもの顔を前から見ることができるためです。実態に応じ，2学期後半から3学期，学級経営が後半になるにつれ，教師机は教室の後ろに動かし，教師は見守ることを示すようにします。

黒板

〈授業の流れや活動手順がわかるよう残す〉
1時間授業の流れ（すること，順序）を書いて説明します。聞きもらす子，短期記憶の弱い子が黒板や周りの子の動きを見ながら行動できるようにします。

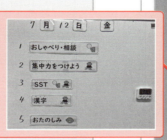

壁面掲示

〈既習を生かす〉
学習したことはまとめて残し，掲示します。既習事項を確認しながら単元を通した学習ができるようにするためです。

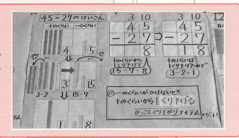

学級のルールづくり

学級ルールを提示し，マナーを増やしてステップアップ

近藤　佳織

⭐ ルールは先出し　マナーを追加

　そもそも「ルール」とは何でしょうか。赤信号では止まる，廊下は歩くなど，人が大勢で生活する際に安心・安全上なくてはならない一定のきまり事です。遊んでよい時間や場所，筆箱の中身や持ち物など，学校や学年で意図をもって決めていることは2年生にも趣旨を伝えるため，先に提示・確認します。

　他にも，こうする方が安心して過ごせる，こうした方がよいというマナーに近いものもルール・マナーとして子どもと共有する必要があると考えます。

　私が考えている子どもにつけたい力は，生き抜く力です。集団生活の中では自分の思いを主張しつつ，時には受け入れられない経験もします。主張を通したり妥協したりしながら折り合いをつけて生きていくということを体験的に学ぶことでその力がつくと思っています。

　クラスは暮らす場所と考えます。小学校で最も多く過ごす場所は自分のクラス（学級）です。大人は自分で暮らし方を選んだり，変えたりすることができますが，子ども時代の学校生活は場所や人数，生活リズムなどがある程度決まっています。中には，大勢の中で決まったリズムで効率よく動くことを求められる集団生活に息苦しさを感じる子もいるでしょう。

　様々な子がいる中で，マナーを含むルールとして次のことを大事にしています。

⭐ 「話を聴く」ことで安心・安全な場をつくる

❶ 人が話しているときは口を閉じる

　まずは，話を聴く子を育て，増やしたいと考えます。「聴く」の意味，人の話を聴くことはその人を大切にすることの表れだということを説明し，「先生が話し始めたら口を閉じて聴いてくれるとうれしい」と伝えます。人が話し始めたら口を閉じ，話を聴くこと，静かな状態をつくる練習も考えられるでしょう。

　そして，口を閉じて聴いてもらえると大切に思ってくれていることが伝わる，安心できると繰り返し伝えます。一年かけて「聴く」ことができるように働きかけ続けていきます。

❷ 話す人の方を見る

　口を閉じているからといって，どこを向いていてもその人を大事に思っていることが伝わるわけではありません。教師が話すときは教師の方を向く，発表する人がいるときには発表する人に体を向けるなど具体的な場面を使って指導していきます。時には教師が立ち位置を変え，話す人を見ることの手本を示すこともできるでしょう。

❸ 反応する

　話を聴くと同時に聴いていることを示す，反応する行動についても教えていきます。例えば，「あいうえお」……ああ，いいね，うんうん，ええっ，おおっ！などのあいづちを入れることはその一例です。他は必要に応じ，子どもとの合意でつくっていけるとよいと思います。

⭐ 援助要求をする

　「わからないとき，忘れるとき，困るときは誰にでもある。その後どうするかが大事だよ」という話をよくします。授業や次にすることがわからないときにどうするかを問うと，「先生にきく」「友達にきく」「周りの人がしていることを見る」などが出るでしょう。わからないこと，困ることが悪いのではなく，それを黙ってそのままにせず，誰かに助けを求められる子になってほしいと思っています。わからないときはわからないと言える子，わからないでいる子に「次はこれだよ」と言える，教えてあげられる子を増やしていきます。教室の大勢で学ぶことのよさはこうした健全なかかわりの中にあると考えます。

　また，何か忘れ物をしたら「見せて」と言える関係をつくることや，消しゴムや鉛筆，ノートのコピーなどは教室の棚に用意しておき，いつでも借りて返せばよいことにしておきます。自主学習カード，ノートのコピーなどはあらかじめ予備を印刷しておきます。わからないときや忘れたとき，人や物の力でなんとかしようとする力を育てたいです。

　配付したものの予備，週予定の予備なども準備しておくと，なくしたという際に便利です。低学年は，何を配ったか予備からわかるようにしておくとよいと思います。

〈学級のルールづくりのための実態把握〉
□教師が前に立ったら口を閉じることができるか（行動しようとする雰囲気があるか）
□教師が話し始めたら口を閉じることができるか
□誰かに援助要求を出せるか（出せない子は誰か）
□仲間の援助要求に応えられるか（応える子は誰か）

授業のルールづくり
授業に取り組みやすくする基本ルールを押さえる

近藤 佳織

★ 次の時間の準備をしてから休み時間にする

　授業が終わったら教科書，ノート，下敷きなど次の授業に使うものを机の上に出してから休み時間にすることを授業のルールとしています。

　授業が始まり，いざ教科書の問題を読むとき，挿絵を確認するとき，ノートに書き始めるときになりやっと引き出しから必要なものを探し始めるという子も少なくありません。その準備をするまでに時間がかかる，時間差が大きく広がる，やりたいのにすぐにできずにもどかしくてイライラするという悪循環を生みにくくするためです。

　子どもはチャイムが鳴れば１秒でも早く遊びに行くことしか考えません。そこで，前の授業の終わりの１分程度，時間をとり，「次の算数の教科書，ノートを出しましょう」と指示します。指示を行う時間を少しとり，出せたことを確認し，授業の終わりのチャイムが鳴るという流れにしたこともあります。

　また，授業開始時に学習用具の準備ができていた子の人数を伝え，増やしていくことや，毎回，「ノートに日付を書きましょう」などある程度同じパターンで授業を開始することもできます。続けるとノートを開いて日付を書いておく子も出てきます。

　授業をパターン化することの賛否はあると思いますが，プラスの支援が必要な子にとっては，毎回の流れがパターン化されることに安心するというメリットもあります。

⭐ 発言したいときは，黙って手を挙げる

「はいっ」という返事をすること，声を出すことを指導・奨励することもあります。しかし，授業で考えを言いたいからと「はい」「はい」と大きな声を出すこと，何度も声を出し続けることでざわめきにつながり収拾がつかなくなることがあります。

授業で発表する際は，黙って手を挙げることを指導します。ただし，どうしても口を閉じ続けることが難しい，声を出すことですっきりするタイプの子もいます。そういう子は早めに指名したり，そばで先にこっそり聞いたり，口元に人差し指を立て口を閉じるサインを出したりします。聴くことは人を大事にすることの表れだという価値を共有することでもあります。

⭐ 安心して学べる教室にするためのきまり事を

子どもの実態によっては，発表する人がいるときは口を閉じて聴くこと，発表する人を見て聴くこと，ノートやプリントなどを見せに来るとき・席に戻るときのルートを決め，安心して学べるような環境づくりのためにルールとして示す場合もあります。

また，授業・学習のルールとして，ノートに書くときは下敷きを敷く，線は定規を使って引く，書き出しの位置，1行あけるところなどの細かい学習技能についても指導します。

学級には様々な学び方の子がおり，配慮が必要な子も増えています。多様な分，徹底することは難しいですが，身につけると今後もプラスになること，学習の基礎となることは繰り返し伝え，進歩や達成度を即時評価し，ある程度の定着を目指します。

筆箱の中身は学校で統一されているもの（鉛筆4本，赤鉛筆，ミニ定規，消しゴム，ネームペン）を示し，確認します。種類を削ること，本数をそろえることは簡単ではありませんが，保護者に協力をお願いしたり，定期的にチェックしたりして定着率を高めます。

〈授業のルールづくりのための実態把握〉
☐ 次の時間の授業の準備をしてから休み時間にしているか
☐ 発言したいときは，黙って手を挙げる子がどれくらいいるか
☐ 安心して学べる教室にするための授業・学習ルールになっているか

苦手さのある子への配慮ポイント

田中　博司

⭐ 2年生の教室にいる子どもたち

　子どもたちの得意なこと，苦手なことは様々です。わかりやすく，足の速さで考えてみます。2年生とはいえ，3年生と同じくらい足が速い子もいれば，1年生と同じくらいの子もいます。こうした差は，当然ながら，運動能力だけでなく，読むこと，書くこと，話すこと，聞くこと，計算すること，考えることなど，あらゆることで生じています。2年生ではあるけれど，入学したときの1年生のようなところがある子もいるわけです。ひらがなの読み書きがまだ十分にできない，10までの計算が指を使いながらなんとかできる，こんな子どもたちがいて当たり前と思って授業をする必要があります。

⭐ 苦手さへの配慮ポイント

　みんなと同じようにできないことがあるのが当たり前と思っていても，能力に関係なく同じ年齢の子が集まり，集団生活を送り，一斉に学習をするのが学校です。一人一人のつまずきにまで気づくのは大変なことですし，手も届きにくいです。そんなときに担任として心がけておきたいことをいくつか紹介します。

❶ 子どもの学びやすさ・学びにくさに目を向ける

　子どもたちの学びやすさ・学びにくさはそれぞれ違います。例えば，算数の計算。数量感覚が身についていない子の中には，数字だけでなく絵や図があるとわかる子もいます。そんな子のために，数字と一緒にお花の絵やブロックなどを示してあげます。確かにこれでわかりやすくなる子もいるのですが，中には，情報量が増えてしまったことで，困惑してしまったり，それをきっかけに余計なことを考えてしまったりする子もいます。

　同じ方法を繰り返すことで理解を促せることもありますが，つまずいている子がいるときは，一つの方法にこだわりすぎず，別の方法や角度からのアプローチも必要です。

❷ 先生の教えやすさ・教えにくさを自覚する

子どもたちに学びやすさと学びにくさがあるのと同様に，先生たちにも教えやすさと教えにくさがあります。教えたい教え方もあります。だからどの先生にも，その先生らしい教え方ってありますよね。しかし，その教え方が子どもたちの学びやすさと同じとは限りません。

例えば，話の上手な先生は，必要な情報を板書せず，話して伝えることが多くなります。しかし，聞くことが苦手な子にとっては，後に残らない声の情報よりも，文字として黒板に書かれる情報の方が理解できます。人はつい自分の教えやすい教え方に偏りがちです。自分の特性を自覚し，子どもたちにとってわかりやすい方法で教えることを心がけたいです。

❸「どうしてかな？」というまなざしを向ける

子どもたちの苦手さに気づき，適切な対処につなげるためには，つまずいている子に「どうしてかな？」というまなざしを向けます。できないことの理由を問いつめるのではなく，つまずきの原因がどこにあるのか，先生が自分自身に問いかけるのです。この「どうしてかな？」を持ち続けることが，その子の苦手さに寄り添い，解決策を見出すことにつながります。

⭐ 担任が一人で抱えない

こうした苦手さのある子どもとのかかわりで，一番大きな役割を担うのが，担任教師です。担任の先生の見方，捉え方でその子の様子が変わっていきます。とはいえ，一度に約30人の子どもを受け持つ担任の先生が，一人一人のニーズに合わせてかかわることは，簡単ではありません。そんなとき，考えておかなければいけないのが，一人で抱え込まないということです。支援を要する子への対応，つまり特別支援教育は，担任一人でなく多くの人が協力・連携して行うものです。あまり気を張らずに，特別支援教育コーディネーターや，学年主任，身近な先輩，管理職，スクールカウンセラーなどに相談しながら取り組むことが望まれます。

⭐「違い」「自分らしさ」が当たり前のクラスに

苦手さ，つまずきは，実は周りの環境がつくっています。先に述べたように，学校は必ずしも同じではない子どもたちが，同じ年齢というだけで集められて，同じように学習をして生活をする場です。そんな環境が，子どもたちの苦手さ，つまずきをつくっています。日頃から，子どもたちの「違い」や「自分らしさ」を大切にした学級づくりをすることで，子どもたちの感じる苦手さを薄めていくことも，これからの学級担任の先生には求められることでしょう。

【参考文献】
● 青山新吾著『エピソード語りで見えてくるインクルーシブ教育の視点』学事出版

学級担任として
必ず知っておきたいこと

髙橋　健一

⭐ ビギナーズラックは期待しない

　読者のみなさんは，２年生の担任になると決まってから，どんな準備をしてきましたか？私は，初任者として２年生を担任した経験があります。そのときは，学生のノリのまま子どもたちの前に立ってしまい，学習指導も生活指導も何もかもが未熟なままで，子どもたちと一年間を過ごしてしまいました。

　しかしながら，毎日の休み時間には，子どもたちと体を動かして遊ぶことが当たり前だったので，うまくいかないこともたくさんありましたが，子どもたちとの関係性は崩れずにいたのかなと振り返ります。若さゆえに大目に見てもらいながら，なんとか一年間，子どもたちの前に立ち続けることができたと見ることもできるかもしれません。

　令和の時代では，教師を取り巻く状況は，あのころよりも厳しいものとなっており，ビギナーズラックを期待することはできないのではないかと思います。ならば，どんなことを大切にしながら，学級担任として子どもたちの前に立ち続けていけばよいのでしょうか。

⭐ 同僚の先生からの手紙に書かれていたこと

　ビギナーズラックが続くわけもなく，それから５年目まで，うまくいったと思えることは，ほとんどありませんでした。そんな５年目の終わりに，同僚の先生から手紙をいただきました。

> 　髙橋健一様へ
> （前略）健ちゃんとは，この一年間は一緒の職場ということもあり，夕ご飯や温泉に出かける回数も増え，充実した日々を送ることができたと思います。（中略）子ども，保護者，同僚と接する教職の仕事は，どれか一つでもうまく付き合うことができなければ，仕事に支障をきたします。二つ以上，関係が築けていれば，なんとかやっていけます。（中略）子どものために働いている私たちですが，子どもだけを見ていては不十分なのです。（後略）

　厳しくも温かい励ましの手紙を読みながら，独りよがりだった自分を振り返ることができ，

関係性を築くことの大切さに気づくに至りました。

⭐ 子ども，保護者，同僚との関係性の築き方

　約15年前にいただいた同僚の先生からの手紙に書かれていたことからも，子ども，保護者，同僚との関係性を築くことが大切だということは，不易ではないかと思います。

❶ 子どもとの関係性を築く

　一人一人の子どもとコミュニケーションをとることが一番です。話を丁寧に聞くことを意識することが大切になりますが，コミュニケーションが苦手な先生方は，休み時間に子どもたちとたくさん遊ぶことをおすすめします。

❷ 保護者との関係性を築く

　4月には，子どもについての小さなことでも電話をする機会を設けて，保護者がどんな人かを知ることが大切になります。よい面をたくさん伝えつつ，よくない面を少しだけ伝えます。保護者の傾向を知り，やりとりを積み重ねていくことが大切です。

❸ 同僚との関係性を築く

　先輩の先生方には，自分から質問したり，アドバイスを求めたりして，たくさん教えていただく姿勢が大切です。同期や後輩の先生方とは，お互いに時間が許すようであれば，ご飯を食べに行ったり，飲みに行ったりすることもよいでしょう。

〈必ず知っておきたいこと〉
□学級担任としてなんとかやっていくためには，子ども，保護者，同僚との関係性を築くことを意識すること

⭐ 子どもたちの前に立ち続けることだけでも

　子ども，保護者，同僚との関係性を築くことが難しい状況に置かれた場合には，乱気流の中を進むような，予断を許さない一年間になるでしょう。しかし，そんな中でも，あなたのことを支持してくれる子ども，保護者，同僚が必ずいるはずです。それが見えなくなるから苦しいのです。学級担任としてなんとか一年間，子どもたちの前に立ち続けることができたなら，それだけでもすごいことだと私は思っています。

チェックリストでわかる！
入学式・始業式までに必ずしておくべきこと

山田　将由

〈挨拶に関すること〉

- □ 校長先生との面接
- □ 勤務校での赴任挨拶
- □ 全校児童への赴任挨拶
- □ 学級の子どもたちへの挨拶
- □ 学年の子どもたちへの挨拶
- □ 学年だよりでの挨拶
- □ 学級だよりでの挨拶
- □ 保護者会，懇談会での挨拶
- □ PTA総会での挨拶

〈心構えに関すること〉

- □ 前年度の振り返り
- □ 私の志の確認
- □ どのような学級に育てたいかの検討
- □ 学級づくりで大切にしたいことの検討
- □ 今年度の目標の決定
- □ 子どもたちに伝えたいメッセージの検討
- □ 子どもたちへの接し方の検討
- □ 進んで使いたい言葉と使わない言葉の確認
- □ 年間計画を立てる
- □ 取り組みたい実践の確認
- □ 研修の計画を立てる

〈書類に関すること〉

- □ 児童名簿の作成
- □ 氏名印の確認
- □ 指導要録の確認
- □ 出席簿の作成
- □ 児童調査票の配付，回収，保管
- □ 結核問診票・健康調査票の配付，回収，保管
- □ 図書貸し出しカードの配付
- □ 連絡網の作成
- □ 週案の作成
- □ 通勤届の提出
- □ 休暇・職免等処理簿の確認
- □ 旅行命令簿の確認
- □ 時間割の作成
- □ 年間予定表で行事の確認
- □ 校務分掌の確認
- □ 学年だより4月号の作成
- □ 学級だより第1号の作成
- □ 学級経営案の作成

〈子どもに関すること〉

CHECK
- ☐ 名前を覚える
- ☐ 誕生日の把握
- ☐ きょうだいの在籍学級の把握
- ☐ 前担任からの引継ぎ
- ☐ 指導要録，引継ぎ資料に目を通す
- ☐ アレルギー等の配慮事項の確認

〈教室環境に関すること〉

CHECK
- ☐ 教室清掃を行う
- ☐ 安全確認を行う
- ☐ 机，椅子の確認，配置
- ☐ 持ち物を置く場所を決める
- ☐ 名前札の作成
- ☐ 座席表の作成
- ☐ 記名
  - →下駄箱，ロッカー，フック，雑巾かけ　等
- ☐ 当番表の作成
  - →掃除，給食，日直，一人一役　等
- ☐ 備品の準備
  - →チョーク，黒板消し，マグネット，セロハンテープ，ガムテープ，両面テープ，AV機器，巨大定規セット，鉛筆削り，給食関連，油性マーカー，ダブルクリップ，画びょう，画用紙，欠席児童への手紙　等
- ☐ 貸し出し用具の準備
  - →鉛筆，赤鉛筆，消しゴム，定規セット，名前ペン，下敷き，のり，はさみ，ホッチキス，テープ類，ノート，雑巾，マスク，絵の具セット，習字セット　等
- ☐ その他の用具の準備
  - →落し物入れ箱，提出用かご，救急セット，工具セット，ポリ袋，新聞紙，ティッシュ，学級文庫，トイレットペーパー，軍手，ストップウォッチ，タイマー，アナログカウンター，二穴パンチ，延長コード，レターケース　等
- ☐ 学級文庫の設置
- ☐ 黒板にメッセージを書く

〈一冊のノート（ファイル）にまとめておくと便利なもの〉

CHECK
- ☐ 年間行事予定表
- ☐ 学年だより
- ☐ 学級だより
- ☐ 特別教室の割り当て
- ☐ 校務分掌の割り当て
- ☐ 体育館の割り当て
- ☐ 時数の割り当て
- ☐ 日課表
- ☐ 授業参観，懇談会，研究授業，体験学習などの行事一覧
- ☐ 学校の地図
- ☐ 学区の地図
- ☐ 職員会議の資料の必要部分
- ☐ 学年研究ノートのコピー
- ☐ 各教科の年間計画

〈学年で共通認識すること〉　※事前に自分の方向性を考えておく

CHECK
- □ 前学年からの引継ぎ
- □ 配慮を要する児童の共通理解
    →トラブル，長欠，不登校，障害の有無，
    健康面，アレルギー，家庭の事情　等
- □ 学年目標
    （　　　　　　　　　　　　　　　　　）
- □ 学年だより（分担，タイトル）
- □ 学年内の教科担当（担当教科を○で囲む）
    国語，算数，生活，音楽，
    図工，体育，道徳，特活
- □ 学年会計，行事会計担当（　　　　　）
- □ 行事の確認，方向性，担当
    学年開き（　　　　　　　　　　　　）
    最初の授業参観・懇談会（　　　　　）
    遠足（　　　　　　　　　　　　　　）
    運動会（　　　　　　　　　　　　　）
    体験学習（　　　　　　　　　　　　）
    学習発表会（　　　　　　　　　　　）
    音楽発表会（　　　　　　　　　　　）
- □ 取り組みたい特色ある教育活動の情報
- □ テスト等使用教材の選定，届提出，発注
    国語（　　　　　　　　　　　　　　）
    算数（　　　　　　　　　　　　　　）
    漢字ドリル（　　　　　　　　　　　）
    算数ドリル（　　　　　　　　　　　）
    書写ノート（　　　　　　　　　　　）
    ファイル（　　　　　　　　　　　　）　他
- □ 学校のきまり事
    →呼名（先生，友達の呼び方），体育の服装，
    登校，下校，カードゲーム，朝の時間，放
    課後のきまり　等
- □ 宿題→内容，提出方法，忘れたとき
- □ 朝の会→内容，進行
- □ 帰りの会→内容，進行
- □ 掃除→当番の決め方，方法
- □ 給食→当番の決め方，配膳方法，当番以外の
    過ごし方，おかわりや残す際のルール，下膳
    方法，食べ終わった後のルール

〈学級開きに関すること〉

CHECK
- □ 一年間の大体のシナリオの決定
- □ 初日のシナリオの決定
- □ 3日間のシナリオの決定
- □ 7日間のシナリオの決定
- □ 30日間の大体のシナリオの決定
- □ 夏休みまでの大体のシナリオの決定
- □ 配付物…学校だより，学年だより，学級だ
    より　等
- □ アイスブレイキングゲームの検討
- □ 先生の自己紹介，思いを伝える
- □ 学級のルールを決める
- □ 学習のルールを決める
- □ 児童の自己紹介方法の決定
- □ 持ち物のルールの決定
- □ 呼名のルールの決定
- □ 授業開きの検討
    国語，算数，生活，音楽，
    図工，体育，道徳，特活
    その他（　　　）

- □ 日直→内容，決め方
- □ 当番→内容，進め方
- □ 係→内容，進め方
- □ 連絡帳
- □ 学年集会の頻度と内容
- □ 学級集会，クラスレクの頻度と内容
- □ 机の配置
- □ 席替えの頻度と方法
- □ 班，班長の決め方
- □ 学級通信の有無
- □ 挨拶
- □ 授業のはじめと終わりの挨拶
- □ 座り方
- □ 返事
- □ 挙手の仕方
- □ 発言の仕方
- □ 立ち方
- □ 並び方
- □ プリントの配り方
- □ 筆記用具について
    - →シャープペンシル，鉛筆，消しゴム，ペン，筆箱 等
- □ ノートについて
- □ ファイルについて→種類，色
- □ 忘れ物への対応方法
- □ 履き物のそろえ方
- □ 5分休憩の過ごし方
- □ 休憩時間の過ごし方
    - →みんな遊び，オルガン，室内ゲーム，雨の日 等
- □ 言葉遣い
- □ 叱るポイント
- □ 褒めるポイント
- □ 写真
- □ 自習，先生がいないときの対応
- □ 安全点検，避難経路

★ 「理想の学級実現のための計画シート」をつくろう

　一年後の理想の学級像はありますか。子どもたちと一緒に理想を描くという方法もありますが，まずは自分自身の価値観や理想像を描いておくことをおすすめします。子どもたちと一緒に理想の学級像を描くときのエネルギー源になります。

　理想をもっている人は困難に耐えることができ，毎日に試行錯誤が生まれます。理想をもたない人は，目の前のことに追われてしまいがちです。どの港へ向かうのかを知らなければ，一生懸命オールを漕いでも徒労に終わるかもしれません。理想の学級への道のりが遠くとも，目指すものがあれば，一歩一歩近づいていくことができます。目標を意識している人は，無駄に動き回りはしません。物事を達成することが行動の中心になります。

　次ページに「学級経営行動計画シート」があります。項目に答える中で，理想の学級とその計画が立てられます。すべての項目を埋めることが難しくても，いくつか埋めるだけで方向性が見えてきます。計画シートをもとにご自身の考えを可視化することで，学年での共有や，学期ごとや年度末の振り返りにも活用できます。理想の学級実現のためにぜひご活用ください。

年度　　学級経営行動計画シート

●**学級経営方針**　私は子どもたちの_____を育みたいです。

なぜかというと、_____だからです。

達成したことを_____で確認します。

●**理想の学級**　私の理想の学級は、_____という学級です。

●**理想の学級を実現したときの「子ども・保護者・社会への貢献」と、「私にとってのよさ」**

	子ども・保護者・社会		私
貢献		よさ	

●**理想の学級のための＋の材料と－の材料**

	強み・スキル・知識	強みの生かし方
＋材料		
	弱み・予想される困難や問題点	解決アイデア
－材料		

●**理想の学級　一年後のイメージと指導法**

場　面	一年後のイメージ	特徴的な指導
授業中		
休み時間		
給　食		
掃　除		
朝の会 帰りの会		
すきま時間 自習時間		
宿　題		

年　　組　担任（　　　　　　　　　　）

●理想の学級を実現するために行いたい実践集

	実践名	育つ力
授業		
授業外		

●理想の学級を実現するために心にとめておきたいこと

子どもたちと共有する 大切にしたい三つのこと （旧 叱り三原則）	① ② ③
子どもたちへの接し方	
進んで使いたい言葉がけ	
絶対言いたくない言葉	
座右の銘・価値観	
私の応援団 ※敬称略	

●研修と休息の計画

憧れの人		憧れ ポイント	
テーマ		方法	
休　息			

●理想の学級を実現するための毎日の習慣～「アクションプラン（AP）」と「心を磨く活動」～

AP			
心を磨く	家　庭	職　場	教　室

設定日　　　年　　月　　日

第 2 章

成功するロケットスタート！
小学 2 年の
学級開き＆授業開き

学級開き

授業開き

学級開きとは
心構えと準備

近藤　佳織

★ 学級開きの心構えとしておきたいこと

　私は，出会う前から新しく受け持つ子どもたちを好きになると決めています。子どもの名前を名簿順に覚え，顔写真が手に入れば顔と名前を一致させるようにしたいです。

　また，担任としてこんな子どもに育てたいという2年生段階のゴールイメージを自分なりにもつことが必要です。育てたい子ども像やゴールイメージは担任の中での学級目標になるといえます。出会ってから実態をつかみ，調整していくとしても，2年生として育てたい子どものイメージをもって出会いの日を迎えたいものです。

　低学年は一日の多くを担任と過ごします。担任の影響は大きく，在り方はその学級の土台となります。担任として子どもが安心して過ごし，力を発揮できるための場をつくるという決意のもと，学級開きをスタートします。

★ 安心感で子どもとつながる

　子どもは，どんな先生かなと緊張しているでしょう。まずは，安心できるかかわりでスタートします。楽しそうだな，先生とならやっていけるかも……などの肯定的な感情から安心感や前向きな気持ちを引き出します。

　初日の黒板に担任の名前を隠したメッセージを忍ばせる，自己紹介クイズや笑顔で呼名するなど一緒に笑える活動ができるとよいです。よい点に注目し褒める，気持ちをのせる，好意を伝えることを大事にし，話を聞いてもらえる関係をつくります。

　そのうえでスタート時には，みんなで暮らすクラス（2年〇組）では過ごしやすくするために一人一人が自由に過ごしていいわけではないこと，守ってほしいルールがあることを話します。ここで過ごすみんながよいと思うことはみんなの賛成を得て決めたり，変えたりすることができること，一緒に過ごしやすいクラスをつくっていく主体者であることを伝えたいです。

⭐ 子ども同士がかかわる場づくり

　学級開きでも子ども同士のかかわりの場をつくります。最初は単純で負荷がかかりにくいもの，身体接触の少ないものがよいと思います。例えば，じゃんけん，自己紹介サイン集め，友達ビンゴなどの活動でかかわりを見ます。

　じゃんけんであれば，勝つ→負ける→あいこになると変化させ，「〇人以上とやりましょう」など条件をつけたりして実態に合わせ行います。

　指示を出した後は，子どもの動きを観察します。活動後は，自分からやろうと声をかけた子を褒めたり，「声をかけた人？」「男女関係なくできた人？」と尋ねたりして，かかわることの期待と促しをします。

⭐ 子どもの実態を見ながら，やることを選択する

　新学期は限られた時間で決めること，やらなければならないことが多いです。新任であったり，異動したりすると，何からしていいかわからないと思うときもあると思います。そのようなときは，学年の先生に聞いたり，書籍を参考にしたりしながら，やることをリストにして書き出します。

　同時に，自分がどんな場所なら安心できるかを考え，「自分がしてほしいことをする」と考えます。私はロッカーや座席が決まっていて名前が記されている方が安心できるため，事前に準備をしておきます。最初は名前を覚えるためにも名簿順で座席を決めておきます。

　次ページからは１日目から５日目（１週間）の間に伝えたいこと，したいことを例として提案します。しかし，必ずしも初日にこれをしなければならない，３日目にはこれを伝えなくてはならないと縛られる必要はありません。

　子どもが一年間暮らしやすい，過ごしやすい教室にするためにはどんな環境が望ましいかを考えながら準備をします。リストアップした中から学級開きで何を話すか，何を決めていくかを選択していくとよいでしょう。

〈学級開きの心構え〉
□学級開き前に子どもを好きになる，名前を覚える
□安心感で子どもとつながる
□子ども同士がかかわる場づくりをする
□子どもの実態を見ながら，やることを選択する

第２章　成功するロケットスタート！　小学２年の学級開き＆授業開き　035

学級開き

1日目
出会いの日〜子どもへの好意を伝える〜

近藤　佳織

⭐ 1日目にすること

- 出会いの演出：自己紹介／名前を呼ぶ（出会いのレクは p.66）
- 座席，ロッカー，靴箱の確認／提出物を集める
- 教科書の配付
- 学級だよりを読み聞かせる／連絡帳を書く

いよいよ子どもたちとの出会いの日です。好意を伝えること，第一印象を大事にします。

⭐ 1日目の流れ

❶ 出会いの演出で好意を伝える

大人は「最初の印象とのギャップに惹かれる」ということもあるでしょうが，低学年の学級開きでの出会いは，見た目で得られるわかりやすい印象を大切にします。

私は，出会う日，子どもたちには「安心感」と「リーダーシップ」を示したいと考えています。教師自身の見た目や印象が子どもにどう受け取られるかを考えた伝え方が大事であるとも思います。

例えば，女性で小柄な私から子どもに意図せず伝わる情報は「優しそう」「元気」などが多く，「厳しそう」「しっかりした方がよさそう」ということを伝えるには作戦や意図が必要です。しかし，もし，男性，大柄な方であれば，「活発」「楽しそう」「おもしろそう」「遊んでくれそう」などが伝わることもあるでしょう。そうした意図せず伝わる自分の情報と伝えたい自分の信念や情報を分析し，出会いの演出を考えます。

出会いの日は，「この先生なら安心だ」といった気持ちを子どもの中に残したいと考えています。最初の印象が残る初頭効果や楽しさ，満足感のような快適でプラスの感情は，意欲を高め，動機づけを促します。

ある年，出会いを一緒に喜びたくて初日に一緒に箱で作ったくす玉を割り，スタートしました。出会いの喜びを伝え，一緒に快の感情を共有します。２年生は基本的に「どんな先生かな」「先生，楽しそう」「優しそう」と肯定的な気持ちで出会うことが多いと思います。「２年生になったから」と張りきっている気持ちを認め，分かち合いましょう。

❷ 自己紹介クイズ

好きな食べ物，苦手なこと，好きなキャラクターなどを選択制にし，挙手を募る形で聞いていきます。クイズに答えながら担任のことがわかるようにします。出会いの黒板で折句にしてメッセージを書き，担任の名前を覚えてもらう形をとることもできます。

❸ 子どもの名前を呼ぶ

名前を呼び，返事をする（挙手でもよい）場を設けたいです。出会いの日，担任と個々の子どもとの時間をもつためです。時間によっては健康観察を兼ねて行うことも考えられます。笑顔で目を合わせ，よろしくの気持ちを伝えられるとなおよいと思います。

❹ 提出物を集める

連絡帳など毎日提出してほしいものの位置，出し方などは初日から示すと翌日以降が楽です。かごなどを用意しておき，何をどこに出すかわかるようにします。

❺ 教科書配付で「どうぞ」「ありがとう」を教える

新年度，配付する教科書があります。Ａさんを褒めたい，教師の働きかけに対する子どもの反応を見たいなどの目的があれば「教科書を運びたいけど誰か一緒に来てくれる？」と募ります。そして積極性やみんなのための行動への感謝を伝えます。ただし，初日は時間がないことが多いため，私はあらかじめ教室まで自分で運んでおくことが多かったです。

渡すときには「どうぞ」，受け取るときには「ありがとう」と伝えるマナーを教えます。初日は話を聞いてくれることが多いためです。または，こうしたマナーを話す前に受け取るときに「ありがとう」と言っている子がいたら取り上げ，広げていくこともできるでしょう。教えたいマナーは，この１週間のうちに指導しておくことがおすすめです。

❻ 学級だよりで所信表明を

担任としての方針やこんな子になってほしいという姿を具体的に語り，向かいたいプラスのゴール像やよいイメージを共有します。

学級開き

2日目
子どものよさを見つける〜子どもを肯定的に見る癖を〜

近藤　佳織

★ 2日目にすること

- 入学式の構えを話す／入学式に参加
- 子どもを肯定的に見てフィードバックする癖をつける
- 朝来たらやること，提出物の確認

新学期1週間のうちに子どもを肯定的に見る癖をつけていきます。

★ 2日目の流れ

❶ 入学式の流れ，構えを話す／入学式を振り返る

在校生として入学式に出るため，式の流れ，先輩としてどのような姿で過ごしたらよいかを確認し，出席します。終わった後の教室で姿勢，迎えるときの拍手，笑顔など子どもたちのよい点，がんばっていたところを見つけて伝えます。

❷ 子どもを肯定的に見る癖をつける

子どもを肯定的に見るために，土壌づくりの1週間で行いたいことは，すべての子に何らかの形で声をかけることです。個別に声をかけること，あなたに関心があるよと示すこと，よい姿を即時褒めること，そうしたかかわりをもちながら関係づくりを始めます。

〈リフレーミング〉

全員の子どもの素敵な言動を1か月で見つけ，その子のよさを連絡帳で保護者に伝える，一筆箋に書いて渡すなど期限や伝え方を決めるのもよいでしょう。しかし，なかなか見つけられないこともあります。時には，子どもの言動を違う枠組みで見る（リフレーム）とよいです。同じ言動を見ても捉え方は，見ている教師が自分で決めることができるからです。

子どもの行動をリフレームする場合，「落ち着きがない」→「活動的，行動的」，「集中力がない」→「興味が広い，切り替えが早い」などの見方の変換が考えられます。

また，集中力がないのは，短期記憶が弱いからか，刺激をキャッチしてしまうからかなど，その言動の背景を想像し，探ることで手立てを考えることにつながります。

〈情報を集め記録する〉

教室以外の場所や全校朝会，移動時などに付箋とペンを持ち歩き，気がついた行動や名前をメモします。一日の終わりにそれを児童名簿等に転記し，誰のよさを見つけたかを振り返ります。まだ見えない子どものよさを明日は必ず見つけようと注目する子や想定される時間，場面を確認したことがあります。

自分で見つけることができないときには，学年の先生，他の職員に聞いて集めることもできます。以前の勤務校では，放課後の職員室で「先生のクラスの〇〇さんがね，掃除のとき，△△だったよ」と子どものよかった情報を伝えてくれる先輩の先生がいました。また，子どもの中には「〇〇さんが△△していました」と知らせてくれる子もいます。そのようなときは，よさに気づき，知らせてくれたことを一緒に喜びます。知らせてくれた子についても「友達のよい言動に気づき，知らせてくれた」ことに注目し，その子に返す場をつくれるとよいと思います。

出会いからできるだけ早いうちに必ず全員のよさ，がんばり，素敵な言動などを記録し，できれば継続していきます。この積み重ねが教師による子どもの見方を肯定的にします。

〈フィードバックの場を設定する〉

初日から見つけた子どものよさ，がんばりなど具体的な場面やエピソードを子どもたちに返す場を設けます。一番手軽にできるのは，帰りの会での「先生の話」でその日見つけた子どものよい姿を伝えることです。また，私がやっていたのは，朝の黒板メッセージに書くこと，それを載せた学級通信を出すことです。行うなら何号かに分けてでも必ず全員の子どもの名前を載せることが大切です。子どもは自分の名前の載った通信を食い入るように読みます。通信により，子ども同士がよさを共有できます。少し手間はかかりますが，自分の名前やよさ，先生から見た肯定的な姿が載っている記事を読む子どもは恥ずかしそうだったり，うれしそうにしたり。子どもとの関係づくりの一助となります。

また，この時期にこうした学級通信を発行するということは，保護者に対し，担任として「子どもをよく見ていきます」「その子のよさを認めていきます」という一年間のスタンスを示すことでもあります。

その子自身のがんばりはもちろん，配付物のやりとりや，清掃時，ちょっとした動きの中にかかわりや集団への貢献が見られたら，それは価値あることとして見逃さず，「ありがとう」「うれしいよ」と感謝や喜びを伝えます。

学級開き

授業開き

| 1日目 | 2日目 | **3日目** | 4日目 | 5日目 |

学級開き

3日目
学級のシステムをつくる

近藤　佳織

⭐ 3日目にすること

- 当番活動をスタートする
- 「もしも叱るときには……」叱る基準を示す
- 給食指導，給食当番の仕事確認
- 筆箱の中身，教科書の記名確認

　1週間のうちに，子どもたちが登校してから下校までの間に，窓が開き，電気がつき，黒板が消え，机の位置が整頓され……，とクラスの暮らしが流れていくようなシステムを当番活動でつくります。

⭐ 3日目の流れ

❶ 学級のシステムづくり

　学級がうまく回るためには大きく分けて2種類の活動があります。毎日誰かがしなければならないこと，掃除当番，給食当番，一人一当番などの当番活動と，なくてもよいがあれば学級が活性化する，楽しめる係活動です。

　私が大事にしていることは，当番活動は短期間で軌道にのせること，子どもがいつ何をすればよいかわかるようにすることです。

　そもそも当番活動や係活動は何のために行うのでしょうか。私は，それらの活動を通して子ども自身がこの学級に属しているという所属感や，仕事をして感謝され，役に立っているという実感を得る機会にしたいと考えています。2年生のうちに学級内での他者貢献の経験を積めるとよいと思います。

　例えば当番活動であれば，学級の人数分の仕事をつくることが理想です。とはいえ実態によっては2人で行う場合もあるでしょう。当番活動は，窓開けや黒板消しなど基本的には毎日仕事があり，誰でもできるそれほど工夫のいらない仕事です。しかし，その仕事をしなければ学

040

級が回らない活動でもあります。そして，当番活動を通して，誰一人欠けても学級は成り立たないことを間接的に教えたいと考えています。

　内容は，朝から帰りまでに子どもたちを中心に一日がスムーズに動くようにするためにはどのような仕事が必要かを考えて決めます。子どもたちには，最初に必要だと思う当番活動案を提案します。「なくてもよいもの，また，他に必要な当番があれば言ってください」と意見を聞いて一緒につくっていきます。2年生は，前年の経験から意見を出してくれるでしょう。自分たちの学級は自分たちでつくるという経験の基礎にします。

　また，当番活動で大事なのは，当番が休んだときや仕事を忘れたときは誰がどうフォローするかまで考えてシステムにしておくことです。

　学級の主体は子どもたちです。スムーズに動くため，最初は担任が提案し，必ず同意を得る，実態に応じ子どもたちの意見を取り入れながら修正していくようにします。

❷ 叱る基準を先出しする

　出会いの日は教師と子どもの関係をつくることを優先し，最初の出会いでは戦わなくてよいところ（提出物忘れなど）は戦わずに過ごしたいと思っています。信頼できるかどうかわからない人に何かを言われても聞き入れない，逆に関係を悪くするという可能性があるからです。

　しかし，3日目くらいまでには「いじめは許せない」「自分と人の心や体を傷つけないでほしい」と，してほしくない行動，叱る基準を先に伝えておきます。

❸ Iメッセージで伝え，叱る

　叱るといってもいろいろな方法があります。低い声で淡々と言う，個別に呼んで伝える，語る，どうしたらよかったかを問うなど指導や伝え方の引き出しを増やしたいものです。

　私が特に心がけているのは，Iメッセージで伝えることです。例えば，学校のルールに反した持ち物を持ってきた，宿題をしてこなかったなどで指導する際に，まずは事実を確認した後，「私」を主語にした言い方で伝えるようにします。「学校の学習に関係ないものを持ってくるなんて，○○さんの行動は残念だな」「そうか，忘れちゃったんだね。今日はやれそう？　わからないところある？　○○さんならできると思うよ」のようにです。

　たいていの子どもは，悪かったなということはわかっていることが多いです。次の日にすぐ改善できなくても，改善しようと思えるような感情を育てることを期待しながら伝えます。Iメッセージで伝え，叱ることは，愛を伝えることでもあると思っています。

学級開き

授業開き

第2章　成功するロケットスタート！　小学2年の学級開き＆授業開き　041

学級開き

4日目
授業を本格的に開始する

近藤　佳織

⭐ 4日目にすること

- 筆箱の中身の確認／教科書にアイロン
- 授業ルールの確認
- 授業づくりのコツ

学級が動き始めました。授業を開始し，授業のルール，ノート指導などを始めます。

⭐ 4日目の流れ

❶ 筆箱の中身の確認／教科書にアイロン

　筆箱の中に入れておくもの（鉛筆4本，消しゴム，赤鉛筆，ミニ定規等）は学校や学年で決めていることが多いと思います。

　最初の日に学年・学級だよりなどで筆箱の中身や物への記名をお願いしたと思いますが，しばらくは毎時間，筆箱の中身について「鉛筆を削ってある人？」「消しゴムが入っている人？」「赤鉛筆は……」と挙手で確認していくと意識づけになります。

　また，教科書が新しいと開きづらく，不安定なことが多いです。そこで，授業開きのときに「教科書にアイロンをかけましょう」と言い，教科書の扉，裏表紙，真ん中を開いてアイロンをかけるように手で押し，開き癖をつけます。

042

❷ 授業ルールの確認

　第１章「授業のルールづくり」（p.20）でも述べたように「次の時間の準備をしてから休み時間にする」ことを教えます。最初は前の時間の終わりを使い，「国語の教科書とノートを引き出しにしまいましょう」と言ってしまわせます。このとき，終わった学習用具は一番下にしまわせるとよいです。「算数の教科書とノートを出しましょう」と指示し，最初はノートを開いて下敷きを入れるところまでさせると時間差が少なくなります。

　他にも日付を書くこと，学習課題は赤字で書くこと，線はミニ定規で引くなど丁寧に書くことを奨励し，細かいルールを教えていきます。力をつけさせたい！と様々なことを要求しますが，すべての子どもに完璧を求めるとお互い苦しくなります。その子なりの丁寧さ，努力が見られたらよしとすることもあります。

❸ 授業づくりのコツ

　「主体的・対話的で深い学び」のもと，ICT の活用も増えてきましたが，授業では机に向かい，読んだり考えたりノートに書いたりする時間があります。低学年のうちに授業に向かう姿勢や，ある程度の学習規律を身につけさせたいと思います。しかし，中には学習意欲の低い子，一定時間集中できない子もいます。

〈パーツで構成する〉

　新年度初めて進級した２年生は，「勉強をがんばるぞ」「新しい漢字も習いたい！」と学習意欲に満ちた子もいれば，椅子に座って一定時間何かをするのがまだ難しい段階の子もいます。同学年でも発達のペースによって学び方や力は様々です。

　45分の授業を10分か15分１セットと考え，活動を変えることで集中しやすくします。例えば，国語であれば，フラッシュカード，漢字，読み聞かせ，教科書を読む，ノートに書く，伝える，発表するなどから三つか四つの活動を組み合わせて行います。

〈静と動の活動を組み合わせる〉

　声を出す，立って読む，立ち歩いて仲間のノートを見に行く，立ち歩いて自由に発表し合うなど動くこと，歩くことを奨励するような活動を入れると，「座りなさい」と注意する機会が減ります。少し動くことで動きたい欲求が満たされると落ち着いたり，次の活動に集中できたりするタイプの子もいるためです。

　同時に，動いた後は静かに読み聞かせを聴く，文字を書く，色をぬるなど座って行う活動も取り入れます。動いた後は静かに学習もできるという両方をセットにして学習活動に変化をつけ，メリハリをもたせます。

学級開き

5日目
システムの動きを確認し，授業を軌道にのせる

近藤　佳織

 5日目にすること

- 当番活動がうまく動いているかの確認
- 授業に「動き」「静か」があるかの確認
- 板書とノート指導で授業を軌道にのせる

　学級開きからの1週間最後の日です。やりたいことは多いものの，時間は限られています。完璧な定着を求めようとせず，確認事を済ませ，できなかったことは次週また伝え指導していけばよいと考えます。

 5日目の流れ

❶ 当番活動が動いているかの確認

　今週，当番活動を決めたと思います。3日目くらいから給食や清掃も始まったことでしょう。朝登校してから帰るまで子どもたちはすることがわかり，当番活動は軌道にのっているでしょうか。仕事を忘れている子には声がかかる，気づく仕掛けがあるでしょうか。全員が完全にはできなくても誰かが気づく，それをフォローする仕組みや関係ができていれば素敵です。

　また，給食当番は1年生のときとやり方が変わった場合，仕事に慣れるよう当番が一巡するまで教師のサポートが必要な面もあると思います。手洗いや身支度，仕事の手順，盛りつけの目安など根気よく指導する必要があります。

　給食当番を育てる一方で，給食準備中やすきま時間に待つことができる子たちを増やすことも肝要です。基本はできている子の姿を評価する，です。準備を早くすることで生まれるメリットを伝える，目標設定をし，タイマーを活用し達成に向けて意識づけるなどもできるでしょう。

❷ 授業に「動き」「静か」があるかの確認

　１時間の授業で，この10分は交流しよう，ここは動きを入れようなどと変化をつけ，落ち着かない子がずっと席に座っていなくてもよい状況を授業の中につくります。

　逆にここは写真からわかること，思ったことを自由に書かせよう，復習に練習問題を解かせようなど，静かにできる場面をつくり，集中して学習ができたという成功体験を積ませます。

❸ 板書とノート指導で授業を軌道にのせる

　以前の勤務校ではノート指導を校内で統一していました。１マスに１文字を書く，学習課題→自分の考え→まとめを書き，最後の３分で今日学んだこと，振り返りを書くという基本の流れがありました。こうした学校や学年での共通理解をもとにノート指導ができるとよいと思います。

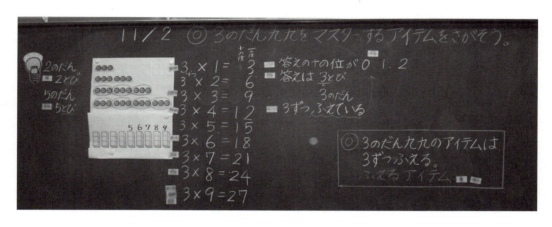

　写真は算数「かけ算(2)」の単元です。授業の最初に前時の既習事項を確認します。

　その後，子どもとのやりとりで今日の学習課題（◎で表記）を決めて書きます。子どもは黒板左端の既習事項はノートに書かず，日付と中央の赤字の学習課題から書き出します。

　このように，子どもが何をノートに書くのか（書かないか）を春からあらかじめ指導し理解させていきます。また，最初は，「ここは１行あけます」と指示したり，黒板に小さな丸を書いたらそれはあける印としたりする子どもとのきまり事を一つ一つ共有していくことで学習の効率を上げていきます。

　基本的には授業の途中では消さず，１時間，黒板いっぱいに書ききります。子どもの意見や考え方はほぼ板書します。ネームプレートを貼り，誰の意見かを可視化することで参加度を意識させることもできます。

　授業中，ノートを見て理解度を把握したり，授業の振り返りを見て次の時間の導入に活用したりしながら，子どもが何を学ぶか，することを明確にした授業を進めていきます。

授業開き

授業開きとは

南　恵介

⭐ 2年生としてのスタート 〜どんな先生かな〜

いよいよ2年生の授業のスタートです。

さて，子どもたちは何を考えて登校してくるでしょうか。

「がんばるぞ」「どんな先生かな」「だれと同じクラスになるだろう」

その一方で，授業面において不安を抱えて学校にやってくる子もいるかもしれません。

「お勉強，わかるかな」

2年生の授業開きで大切にしたいのは，**「先生は楽しくて，優しい先生だよ」と伝えること**と，**「お勉強は楽しくて，わかりやすいよ」と伝えることの二つ**です。

まず，授業開きの中身はもちろん大事ですが，それ以上に「この先生と勉強するのが楽しい」と感じられるかどうかが子どもたちにとって，より大事です。

授業開きは，「先生自身のお披露目の時間」であることを強く意識しましょう。

どんな先生が好ましいのか，自分のもっているよさと照らし合わせながら最大限に発揮できるような自分の在り方を再確認して，それを発揮できるようにします。

明るく，楽しく，おもしろく，そして「優しそう」。

簡単にいえば，そういう姿を自分を通して表していけばよいのだと思います。

「この先生，いいな」と子どもたちが感じれば，すべての授業での子どもたちのやる気につながっていきます。

次に，授業の内容です。

2年生の始まりの時点で，学習に対して「簡単すぎる」と感じている子もいれば，「難しいので，勉強は嫌い」と感じている子もいます。

では，どこをターゲットにして授業を進めるのかというと，まずは**「難しいので，勉強は嫌い」と感じている子どもたち**です。

多くの先生方がのちのち「困った」と感じやすいのは，やはり後者の子どもたちです。

逆にいえば，後者の子どもたちが「おもしろそう」「やってみたい」「2年生の勉強はわかるかも」と感じ，時に言葉にしてくれるだけで，子どもだけでなく，先生自身にとっても「やる

046

気」につながるはずです。

　ですから，まず一番に考えるのが，「みんながわかる」「みんなが楽しい」内容を考えていくことです。そして，そのうえでクイズ形式にしたり，活動を取り入れたりするなどの「演出」を考えて，授業を考えていきましょう。

⭐ 学習規律の「種」をまく

　これから一年間の学習を考えたとき，ただ楽しいだけというのも，不安になってきます。何よりもそれを一年間続けていくことは，ものすごく大変です。

　先生にとって「授業のやりやすさ」は，とても大切です。

　授業のやりやすさは，子どもたちの学習規律に支えられています。

　例えば，「前を向いて座る」「返事をする」「わかりやすく手を挙げる」「話を聞く」「指示に従う」というような学習規律が整っているクラスなら，変な話，それほどよい授業でなくても，スムーズに学習は進み，子どもたちは理解しやすくなります。

　ただ，初日から学習規律のことばかり言っていると，子どもたちは心にふたをしてしまい，何も進まなくなっていく可能性があります。

　そこで，「こういうことができたらいいな」というスタンスで，「できている子」を中心に褒めていきます。「〇〇さんは，まっすぐこちらを向いてくれているね」「返事がよくできるクラスだなあ」「話の聞き方が上手だね」

　そうやって，褒められることにより，学習規律の「基準」ができます。子どもたちにとっても「こういうことができればいいんだな」とやるべきことがはっきりするのは，案外心地よいものです。ただし，初日ですから，「できなくて当たり前。できている子がいたらラッキー」くらいの気持ちで，教室に入りましょう。一年間は長いのですから，初日にそれほど焦る必要はありません。まずは先生自身が楽しそうに授業をすることを大切にしましょう。

□まずは先生が子どもたちにとって，好ましい存在であることをアピールする
　笑顔で，先生自身が楽しそうに授業を行っていますか。
　みんながわかる・できる内容を提示していますか。
　子どもたちが楽しいと感じる演出や活動を取り入れていますか。
□学習規律の種をまく
　2年生として，どのような学習規律ができているとよいかイメージしていますか。
　褒める基準を言葉としてもつことができていますか。

第2章　成功するロケットスタート！　小学2年の学級開き＆授業開き　047

授業開き

国語

言葉を学ぶ楽しさを味わおう

渡邊　克吉

⭐ ポイント

❶ 安心感のある教室をつくる

　国語のように言語によるコミュニケーションを中心とした学習を行ううえで，教室が安心して学べる場所であることがとても大切です。特に低学年は正解することにこだわったり，間違うことを極端に恐れたりする姿が見られることがあります。そこで「間違っても大丈夫」「間違うことは大切なこと」という価値を学級で共有し，子どもたちに安心感をもたせることが，授業開きで押さえたいポイントです。

❷ 友達と学び合う楽しさを体験させる

　国語の授業開きでは，言葉を用いた学習ゲームなどを行い，言葉に対する興味・関心をもたせることが大切になります。個人で取り組むだけでなく，ペアやグループで協力しながら活動する楽しさを体験させましょう。授業開きの際の友達と学び合うことに関するポジティブな体験は，今後の学びに対する期待感や意欲を高めることにつながります。

❸ 声に出す楽しさを味わわせる

　低学年では音読の楽しさやおもしろさを存分に味わわせていきたいです。音読をすることで，文章の理解が深まったり，言葉のもつ意味を捉えたりすることにつながります。授業開きでは，音読の様々なバリエーションを体験させながら，声に出す楽しさや友達と声を合わせる心地よさなどを感じさせましょう。音読に対する意欲が高まります。

⭐ 『教室はまちがうところだ』の読み聞かせ

　『教室はまちがうところだ』（蒔田晋治　作，長谷川知子　絵／子どもの未来社）の絵本の読み聞かせを行い，子どもたちと間違うことの価値について考えます。この絵本には「教室は間違っても大丈夫な場所」「間違いを言い合うことで，みんなが伸びていく」といった間違うこと

に対する肯定的なメッセージが繰り返し出てきます。子どもたちは「間違うことは恥ずかしい」とか「間違ってはいけない」と知らず知らずのうちに捉えがちです。この絵本を読むことで，「間違うことは成長のために大切なんだ」という価値と出会い，勇気づけられたり，背中を押されたりするような感覚を得ることができます。また，間違いが否定されず，どんな意見も認められる学級をつくっていく大切さもこの絵本には描かれています。子どもたちにとって安心・安全な居場所としての学級づくりを行ううえでも効果的です。

読み聞かせを行った後に，感じたことをペアで伝え合ったり，全体で発表したりする活動を行うとさらに効果的です。また，がんばって発表をした子に拍手を送ったり，友達の発表を最後まで聞くことの大切さを伝えたりと，学級の温かい雰囲気を育むことを意識していきましょう。

⭐ 学習ゲームで学び合う楽しさを味わう

授業開きでは，学習に対する期待感やわくわく感を存分に感じさせたいです。そこで効果的なのが学習ゲームです。ゲームの要素をもった学習活動には子どもたちも前のめりになって取り組むことができると思います。低学年の授業開きにおすすめの学習ゲームとして「言葉さがしゲーム」を紹介します。

言葉さがしゲームは，お題として出された言葉をできるだけたくさん見つけるというシンプルなゲームです。例えば，「あ」がつく3文字の言葉，「あ」から始まる動物，など様々なお題が考えられます。見つけられた言葉の数を記録することで子どもたちは熱中して取り組むことができます。また，最初は個人で取り組ませ，次に同じお題に対してペアやグループで取り組ませることも効果的です。記録が大きく伸びることが多いので，「友達と協力して学び合うと，一人で学ぶよりも大きな力になりますね」と価値づけることができます。友達と学び合う楽しさを味わいながら，その価値に気づかせていきたいですね。

⭐ 声に出す楽しさを味わう

国語において音読は非常に重要な学習活動です。特に2年生の段階ではできるだけたくさんの文章を音読させたいです。授業開きの際に，先生のおすすめの詩をみんなで音読したり，一人読みや追い読み，たけのこ読みといった様々なバリエーションでの音読に挑戦したりすると音読への意欲が高まると思います。みんなで声に出す楽しさをぜひ味わわせたいです。

【参考文献】
●『教育科学　国語教育』2024年4月号，明治図書

授業開き

算数

苦手意識を感じさせない活動重視のスタートを

南　惠介

⭐ ポイント

❶ 計算以外の学習から取り組む

　まずは楽しく，そしてわかりやすく。算数は，すごく得意な子もいれば，すごく苦手に感じている子もいます。1年生の段階で，その辺りは自覚していて，「算数は嫌い」と感じている子は少なくありません。特に，繰り上がりのあるたし算や繰り下がりのあるひき算をきっかけに「わからない」と感じている子どもたちが，かなりいます。

　「みんな」に，「算数楽しいな」「よし，算数がんばるぞ」「今年の算数はわかるかもしれない」と感じさせたいなら，初日からたし算やひき算の内容を含んだ学習には入らないようにした方がよいと思います。

❷ 九九からスタートする

　子どもたちの意識として，2年生の算数といえば「九九」です。

　ちょっとびっくりされるかもしれませんが，授業開きのその日から「九九」の勉強を始めてしまうのです。やる気のあるときにスタートすると，理解や上達も早いです。

❸ 教具があれば，それを利用する

　算数のカードゲームなど教具を使ってみるというのもおもしろいでしょう。

　その日だけではなく，ある一定の期間学習に使うものを初日から提示していきます。

　私が低学年で常に使っているのは「百玉そろばん」です。

⭐ 活動的な学習を意識する

　初日からたし算やひき算の内容を含んだ学習には入らないようにするため，各教科書会社も工夫していて，最初に学習するのは，計算領域ではなくおそらく「ひょうとグラフ」になっているはずです。

本やネットを通して楽しい授業開きのネタを集め，授業を始めてみるのもよいとは思います。しかし，「打ち上げ花火」のようになってしまい，次の授業から「普通」の算数になってしまうと，次の時間以降の算数が，子どもたちにとっても，先生方にとってもしんどい時間になってしまう可能性があります。

　「ひょうとグラフ」は，工夫すれば活動が多くなり，動きたい子，話したい子にとってはとても楽しい時間となります。グループでわいわい活動しながら学習するとよいでしょう。

　そして，授業の終末では「押さえるべきことを押さえる」ようにしますが，それほど難しい内容ではないので，どの子もわかったと感じやすいでしょう。

　このような活動を取り入れた学習で大切にしたいのは，「静と動」です。

　最初の説明のときには，静かに落ち着いて，中の活動のときにはしっかり動いて，楽しく，そして最後のまとめのときにはまた静かに落ち着いて，というようにメリハリをつけて学習していきましょう。先生が，その時々に応じて少し雰囲気を変えていくことも，子どもたちにとっては「わかりやすさ」につながっていきます。

★ 九九（かけ算）から始めてみる

　たし算やひき算に比べると計算そのものは難しくないので，計算に苦手意識をもっている子も実は取り組みやすいという面もあります。

　もちろん記号的に「知ってる？」「覚えてみる？」と式を提示して，学習し始めてもよいかもしれませんが，少し工夫して算数的に意味のある学習からスタートしていった方がよいと思います（第3章〔授業づくりのポイント〕（p.182）で具体的に示します）。

★ 教具を使ってみる～百玉そろばん～

　百玉そろばんは「1ずつ数える」だけでなく，「2ずつ数える（2とび）」「5ずつ数える（5とび）」「10ずつ数える（10とび）」や，10の分解合成などの説明でも使える優れた教具です。

　「2とび」や「5とび」はかけ算の導入にもつながります。また，「2とび」をしっかりやっておくと，偶数と奇数の学習につながりますし，「5とび」をしっかり練習しておけば時計の学習のときに力を発揮します。私の場合は，個人で購入して（大切に）使っていますが，学校備品としてあることも多いので，もしあればぜひ活用してみてください。

授業開き

生活

一年間の授業に見通しをもち，
生活科の学習でやりたいことを広げよう

鈴木　康平

⭐ ポイント

❶ 1年生のときの生活科の学びを振り返ろう

　子どもたちは，1年生での生活科の授業を通して，様々な経験をして，自信をつけてきたことでしょう。1年生での学びを振り返ることで，2年生の生活科でもやりたいことが子どもたちから挙がることが考えられます。例えば，1年生で花の栽培をしてきた子どもたちは，花を育てた経験を想起し，「お花を育てることができてうれしかった。今度は野菜に挑戦したい！」という思いをもつことでしょう。このように，子どもたちの「もっとやってみたい」という思いを引き出すことが大切になります。

❷ 子どもたちの「やりたい！」を受け止め，一年間の学習の見通しを立てよう

　2年生の生活科の学習で挑戦したいことややってみたいことを出し合い，黒板を使って広げ，学習の見通しを立てましょう。その際，ウェビングマップ型の板書などで子どもたちの意見を広げることを心がけると，子どもたちの思いや願いが可視化され，学級で共有しやすくなります。また，子どもたちの意見の中には，実現が難しいのでは？と思うようなものがあるかもしれません。そういった意見は一度，「どのようにすればできそうかな」や「みんなでできると楽しそうだね」と受け止め，子どもたちがこれからの学習に意欲をもって取り組めるように声かけをしていきたいところです。

❸ 生活科の教科書を活用して，子どもたちの「やりたい！」を引き出そう

　それぞれ特徴は異なりますが，どの生活科の教科書も，単元ごとに写真やイラストを用いて，子どもたちの学習意欲を高めるような工夫がされています。授業開きの際に，教科書をじっくりと読みながら「こんなことをしてみたいね」と友達や教師と話をすることができるような時間を設定してみましょう。子どもたちは自分のやりたいことを見つけ，生活科の授業がどんどん楽しみになってくることでしょう。

子どもたちの思いや願いを学級で共有する板書の工夫

　前述の授業開きのポイントで示したように，子どもたちが「やってみたい！」と思ったことを広げて共有していき，学級として見通しを立てることが大切です。

　子どもたちの考えを広げる際には，板書を工夫し，考えを可視化することを意識するとよいでしょう。板書では，矢印や囲み，文字の色なども意図をもって書くようにしたいところです。子どもたちのどの考えをどのようにつなげるのか，どの部分を囲んだり色を変えたりして強調するのか，いろいろと試してみるとよいと思います。

　上の板書は，生活科の授業開きで，1年生のときの学習を振り返り，2年生の学習とのつながりを見出すことを意識したものです。1年生のときよりレベルアップした学習をしていきたいという子どもたちの思いをもとに，2年生での学習を考えていきました。矢印を用いて学習内容の関連がわかるようにしたり，強調したい部分を囲んで示したりすることで，子どもたちはこれからの学習に見通しをもつことができたようです。

　生活科ではこのように，子どもたちの様々な考えを可視化することで，子どもたちは自分の思いや願いを捉え直し，これからの学習への意欲を高めていくことができると思います。

 ## 子どもたちと楽しみながら生活科の授業を始めよう

　生活科の学習は探検をしたり，植物や生き物を育てたりと，子どもたちにとっても教師にとっても，わくわくする学習がいっぱいです。その学習のスタートが授業開きの1時間です。子どもたちとの学習が充実し，楽しみなものとなるように，子どもたちの「やりたい！」という思いを大切に，たくさん話し合って進めていきましょう！

授業開き

音楽
教室で楽しい音楽の時間を

前波　恵美子

★ ポイント

❶ 楽しそうと思わせる

　子どもが好きそうな流行りの曲をかけながら，教師はとびきりの笑顔で簡単なリズムを打ち，同じリズムをみんなで真似します。はじめは「♩　♩　♩　𝄽」などの簡単なリズムから始めるのがよいでしょう。担任の先生が音楽の時間を担当している場合は，つい先ほどまでケンカの仲裁をしていたとしても，切り替えて「音楽」の世界に入り込み，まずは「楽しそう」を子どもたちに感じさせましょう。

❷ やってみたい・できそうと思わせる

　学年が一つ上がったからといって急に難しいことを要求すると，せっかく新しい学年になったからと高まったやる気が下がってしまいます。初めて挑戦することに自信のない子どもも，真似をすることはハードルが低く取り組みやすいです。
　YouTube など動画の力を借りるのもおすすめです。「ボディパーカッション」で検索すれば，動きにかっこいい伴奏がついていて，最初はうまくできなくても，みんなでノリノリになることができます。

❸ ルールを伝える

　教室で音楽の授業をする場合，みんなが無秩序に鍵盤ハーモニカや楽器を鳴らすと隣の教室に迷惑がかかります。教室の中も騒然としてしまいます。そこで，教師が手を挙げたら音を出すのをやめるようにします（うちわを使うのも有効です）。最初にルールを確認しておくと一年間スムーズに進められることでしょう。

⭐ 楽しい常時活動を

　授業の最初は誰もが参加しやすい活動を取り入れましょう。ゆったりとした音楽（「放課後の音楽室」などがおすすめです）を流しながら，体ほぐしをします。「体がほぐれると，高い声も楽に出せます」「息がしっかり吐けるようになると，いい声が出ます」と効果も伝えてあげると一生懸命取り組んでくれます。

⭐ 一年の見通しをもたせる

　真新しい教科書を丁寧に開けさせます。一年の最初のフレッシュな気持ちのときにしかできないことだと思います。目次のページを開いて，「一年かけてどんな学習をするのか」なるべくたくさんの子どもが発言する機会をつくりましょう。教科書に書いてありますから抵抗なく答えてくれます。「１年生のときは，こんな曲を歌った。鍵盤ハーモニカで演奏した」「あの曲が好きだった」と前年のことも教えてくれて，振り返りもできます。

⭐ 最後は楽しく締めくくる

　終わりよければすべてよし。授業開きの１時間目は楽しく締めくくりましょう。その場でできるゲーム「じゃんけん列車」を紹介します。「貨物列車」の歌詞を教え，教師はオルガンで簡単な伴奏を弾きながらみんなで歌います。曲が止まったら，前にいる先生対みんなでじゃんけんをします。勝っても負けてもまた復活できます。最初は曲のおしりで止めてじゃんけんをしますが，３回目以降は中途半端なフレーズで曲を止めます。音楽をしっかり聴いていた子どもは「えー，そこで止めるの？」と言います。しかし子どもは止まったところで喜んでじゃんけんをしてくれます。じゃんけん列車は広いスペースが必要ですが，これならその場でできてしまいます。音楽の得意な子どもも苦手な子どもも楽しく締めくくることができます。伴奏が不安な先生は好きな音楽を流し，適当なところで音楽を止めてじゃんけんするのもよいですね。「次の時間が楽しみだな」「今年一年がんばれそう」と思ってもらえたら授業開きは大成功です。

図画工作

自分だけの宝物をつくる学習

岡田 順子

★ ポイント

画用紙を配り，好きな絵を描くよう伝えると，手が止まってしまい，困った様子を見せる子どもがいませんか。「何を描けばいいかわからない」と，なかなか描き始めることができません。図画工作科は，多くの教科のように，一つの正解に向かっていく学習ではありません。そうです，答えがないのです。**図工は全員の答えが違っていい教科**なのです。一人一人が材料と向き合い，自分と向き合い答えをつくりだしていく学習は，答えのある学習よりも難しいともいえるでしょう。

すると，「アニメのキャラクターでもいい？」「ゲームのキャラを描いてもいい？」と何かすでにあるもの（子どもにとっては一つの正解）を描こうとする子もいますが，「それは図工では描かないよ。自分で考えたものを描くんだよ」と制止します。図画工作科では，発想力や創造性，感性を養うことが大きなねらいとなっていて，既製の整ったものを真似てきれいにできても意味がありません。それを教師も子どももしっかりと押さえてスタートすることが，図画工作科の授業開きには必要です。そのために以下のことを説明します。

- 上手，下手ということはないが，雑なのはダメ。丁寧に描く（つくる）こと。
- 一人一人に違ったよさがあること。子どもの数だけ答えがあること。
- アニメのキャラクターなどは，作家さんの作品であり，遊びで描くのはいいけれど図画工作科の学習では描かないこと。
- 自分で色や形を考えてつくるのが図画工作科の学習だということ。

作品づくりを通し，活動の中で上記のことを伝えていきます。子どもたちの手が動き出したら，教師は「○○さんのここが素敵だね」「この表現，○○さんらしさが出ているね」と，それぞれのよさを価値づけていきましょう。自分で答えをつくりだす楽しみを知った子どもたちは，「つくるのって楽しい！　図工大好き！」となることは間違いありません。

★ みんな違うからおもしろい〜わたしの好きな春を描こう〜

　教科書において，春を描く単元がよく見られます。授業開きには，大きな作品でなく，小さな画用紙に描く作品づくりがおすすめです。一人一人の小さな作品を並べ，大きな掲示をつくると，授業開きだけでなく学級づくりのスタートにもぴったりです。

①「春」から連想するものをたくさん出し合い，黒板いっぱいに板書して発想を広げる。
②八つ切り画用紙4分の1くらいの大きさの紙にクレヨンで春のものを描く。
③1枚完成した子どもには，2枚目を描いてもよいと伝え，紙を渡す。
④できた春のものの絵を模造紙に貼っていくと，全体で大きな春の風景になる。
⑤同じものばかりでなく，いろいろな「春」が描かれることで楽しさが増すことを実感できる。「つくしも描こう」「虫も出てくるよ！」と，発想が広がる。

　一人一枚の春の絵を描かせると，似たような絵が多くなる単元ですが，こうして描かせることで，「違うものがあるからおもしろい」ということを感覚的に学びます。また，何枚も描くために雑になってしまう子どもには，「丁寧に描く」という指導もあわせて行えます。

★ できることが増えるってうれしいな〜粘土でつくろう〜

　1年生から使い慣れている粘土あそびも，子どもたちが楽しんで抵抗なく始められる単元です。しかし，粘土で好きなようにつくらせると，意外にも技能の差が大きく出ます。楽しみながら技能を先に習得し，表現に生かせるように進めます。

①まねっこチャレンジ。こんなことできるかな？　先生の真似をしてやってみる。
　●両手でヘビづくり，どれだけ長くできるかな？
　●手のひらのお団子ころころ，まん丸いお団子できるかな？
　●押したり切ったり，サイコロの形ができるかな？
②いろいろな形を使って，好きなものをつくるよう働きかける。
　●長いひも状の粘土は，巻いたり，輪にしたりできることを見せるとよい。
　●何度でもつくりかえられるよさを伝え，思いきりつくることができるよう促す。
　●「おもしろい形ができたね！」アイデアは周りにどんどん紹介する。

　できるとうれしい，つくるって楽しい，授業開きでそう感じてほしいと思います。

|授業開き|

体育
仲間と楽しく取り組む見通しをもつ

鈴木　裕也

⭐ ポイント

❶ 一年間の見通し

　２年生では，大きく六つの領域を学習します。「〇月はこんなことをするよ」「プールは〇月からだよ」など，大まかな見通しを伝えることで，子ども自身も一年間のイメージができます。また，どんな学習なのか簡単に説明するだけでも，子どもたちの関心につながります。

❷ 振り返り

　「運動"遊び"」だからといって，「活動あって学びなし」では困ってしまいます。「今日は△△ができた！」「次は□□をやってみたい！」など，学びや成長を残す意味で振り返りは重要です。紙の学習カード以外にも，タブレット端末への音声入力という方法もあります。

❸ 友達とのかかわり

　成長には友達の存在が欠かせません。一人ではできないことも，友達と協力することで乗り越えることができます。学校には，体育が得意な人もいれば，そうでない人もいます。「困ったから助けて」が言える関係を，一年間で育んでいけるようにしましょう。

⭐ 授業開きアイデア①「じゃんけんサッカー」

　「サッカー」というと，攻めと守りに分かれてボールを蹴り合うゲームを想像すると思います。ここでは，ボールの代わりに「じゃんけん」を行います。

〈行い方〉
- １チーム12人程度
- 制限時間内に多く得点できたチームの勝ち（５分程度で攻守交代）
- 守りチーム…１列目６人，２列目３人，３列目２人，４列目１人
- 攻めチーム…ア　１列目の誰かとじゃんけん

058

イ 勝ったら次の列へ進む or 負けたら１列目から再スタート
ウ 最後の４列目の人までじゃんけんで勝ち続けたら１点

　扱う領域は，「A　体つくりの運動遊び」です。ここでは，じゃんけんという誰でも手軽にできる活動を通して，友達と一緒に楽しく体を動かすことをねらいとしています。ルールは，実態に応じてアレンジが可能です。守りチームの子どもが立つ位置を，フラフープやコーンなどで示すと安心して活動ができます。

★ 授業開きアイデア②「○○鬼」

　「E　ゲーム」の領域に「鬼遊び」はありますが，ここでは授業開きという観点から，「A　体つくりの運動遊び」の「体ほぐしの運動遊び」を通しての鬼ごっこはいかがでしょうか。手軽な鬼ごっこという遊びを通して，体を動かす楽しさや心地よさ，友達とのかかわり合い，つながりを体験することをねらいとします。

　「１年生のとき，どんな鬼ごっこをしたことがありますか？」と聞くことで，これまでの生活経験から，手つなぎ鬼，こおり鬼，色鬼など，様々な鬼ごっこが出てくると思います。前年度，違うクラスだとしても，互いの生活経験の違いを知るうえで貴重な時間になります。

　あくまでも，ねらいは体を動かすことの心地よさや，友達と一緒に体を動かす楽しさです。このことは，常に頭に入れておくことが大切です。攻防にのみ関心が寄ってしまったり，勝ち負けにこだわってしまったりする場合には，この時間のねらいを子どもたちとともに再確認する必要があります。一緒に体を動かすことで，楽しい雰囲気を実感できることが大切です。

【参考文献】
● 國分康孝監修，岡田弘・片野智治編『エンカウンターで学級が変わる　小学校編』図書文化社
● 文部科学省「小学校学習指導要領（平成29年告示）解説 体育編」

授業開き

特別の教科　道徳

「心が賢くなる」ために

宇野　弘恵

⭐ ポイント

　道徳は他教科と比べて何を学習するかがわかりにくい教科です。先生に訊かれたことに答える，友達と意見交流をしながら考えるという学習過程や活動はわかっても，何のために学習するかをずばり言える子はそう多くはありません。そこで，授業開きでは，最初に**道徳は何を学ぶ学習なのか**を考えさせます。

❶ 他教科と比較する

　まず，国語の教科書を見せて何を学ぶ教科かを問います。子どもたちからは，「お話を考えるお勉強」「文字を書いたり覚えたりする学習」などと返ってきます。「言葉を使って考え，表現する学習」であることを押さえます。続いて，算数や音楽など他教科についても同様に尋ねます。これらの教科を学ぶことで，頭が賢くなったり体が鍛えられたりするほか，表現したり創ったりすることから心が豊かになることを押さえます。

❷ 学習経験を生かして言葉にする

　「では，道徳はどんなことを学ぶお勉強なの？」と尋ねると，子どもたちはどう答えるでしょうか。１年生での学習経験から，きっと「自分のことを考える」「どうしたらよいか考える」などの答えが返ってくるでしょう。子どもたちの言葉をつなぎながら，考え続けることによってよりよく生活できたり，もっと素敵な自分になったりする学習であることを確認した後，「心が賢くなるために道徳のお勉強をするのだね」と括ります。

⭐ 「心が賢くなる」を深掘りする

　「心が賢くなる」とは抽象的な概念です。ぼんやりとしたイメージを具体化するために，「心が賢くなるとは，つまりどういうことかな」と投げかけます。

　「何でもわかるようになる」「お母さんに叱られなくなる」「ダメっていうことをしなくなる」

などのように，多くの子どもはいわゆる「よい子」をイメージして発言します。しかし，道徳科で目指すのは決して清廉潔白の聖人君子のような人間像ではありません。他者や社会，この世にあるすべてのものから学び，尊敬し尊重しながら自分らしさを大切に生きていくことです。善さも醜さもある自分と向き合い，より美しいものや崇高なものを志向する心を育てることです。ですから，教師の意を汲むような，あるいは模範解答のような「正答」をよしとしてはいけないのです。

★ 「心が賢くなる」をつくる

❶「心が賢くなる」を具体に落とす

「心が賢くなるとは，心がにこにこになるということだよ」と話し，具体例を示します。
「お友達とケンカしたら，心が泣いちゃうね。でも，仲良くしたら心はにこにこでしょう？だから，仲良くするにはどうしたらいいかなあって考えることが，心が賢くなるっていうことだよ。先生やお母さんに叱られないようにするんじゃなくて，うれしいな，楽しいな，よかったなって思えるように考えるのが，心が賢くなるってことなのだよ」

❷「にこにこの心」を折り紙で折る

①折り紙はできる限りたくさんの色のバリエーションを用意しておき，自分の心にぴったりな色を選べるようにしておきます。
②下図の要領で折ります。折り方は，先生が示してもよいですが，タブレットを活用し全員が手元で見られるようにしておくのも一手です。インターネットに折り方を動画で示したものがありますので，状況に応じて活用するとよいでしょう。早くできた子が困っている子を助けるのもOK。「心がにこにこになっているね」と言葉を添えると効果倍増です。
③「にこにこの心（ハート）」ができたら，油性ペンでにこにこの顔を描き入れます。
④できあがったハートは教室に掲示し，道徳の授業ごとに「心はにこにこになったかな？」などと振り返りに活用します。

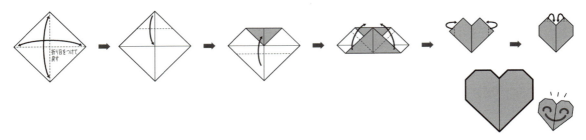

【参考文献】
● 宇野弘恵「視覚教材でわかりやすく価値を伝える」『道徳教育』2014年4月号，明治図書

第3章

小学2年の学級づくり&授業づくり
12か月の仕事術

学級づくりのポイント　授業づくりのポイント

| 4月 | 5月 | 6月 | 7・8月 | 9月 | 10月 | 11月 | 12月 | 1月 | 2月 | 3月 |

学級づくりのポイント

今月の見通し

4月

子どもとつながり，
信頼関係を築くことに力を入れる

近藤　佳織

今月の見通し

学校行事
- 年間行事予定の確認
- 始業式，出会いの日…どこを見るか
- 入学式…流れや参加の仕方の確認

学年・学級
- 学年・学級の実態把握
- 当番活動，係活動の仕組みの考案
- 年間指導計画で単元を把握
- 学級開き，授業開きの考案

- 学年・学級目標の考案
- 学校のルールを子どもと確認

家庭との連携
- 学習参観の授業準備
- 学年・学級懇談会の計画と実施
- 家庭訪問の計画，準備

他
- 学年の職員との連携の確認

4月は一年で最も忙しい「繁忙期」です。働き方改革がいわれていますが，この時期にていねいに学級の仕組み，授業のルール，子どもとの関係をつくることが一年を左右するといっても過言ではありません。やることをリストアップし，締め切りのあること，学年にかかわることから片づけていきましょう。

⭐ 教師と子どもとの関係づくりに全力を

❶ 担任の自己開示

人が初めての出会いから距離を縮め，関係をつくるにはその人のことを知ることが必要です。担任が好きなもの，好きなこと，得意なこと，ハマっていることなどを伝えます。また，逆に苦手なもの，嫌いな食べ物などを話すことで共感してくれる子，親近感をもつ子もいることがあります。子どものころの失敗談を話すこともあります。自己開示は，大人でも完璧ではない

姿を伝えること，人となりを知ってもらうことで距離を縮めていくねらいがあります。

❷ 好意の返報性

毎日一緒に過ごす学級の子どもたちとの関係を良好なものにするために，出会った日から子どものよいところに注目する癖をつけ，「うれしい」「好きだ」「大切だ」という気持ちを言葉にして惜しみなく伝えます。人は自分に好意をもってくれる人に対し，好意をもつものです。お互いなんとなく好意をもつことから関係をつくり，効果（学力向上，良好な人間関係）につなげていきます。

❸ 関係のグラデーション

大勢いれば子どもたちとの関係には濃淡が生まれます。前から知っている子，兄弟を担任したことがある子，初対面からでも自分から話してくれる子などは出会いのときから距離が近く，関係をつくりやすいです。当然その逆の子もいます。関係の強弱は個々によって違うこと，グラデーションを意識しながらどの子とも関係がつくれるよう，かかわっていきます。

⭐ 学級の仕組みを定着させる仕事術

4月はやることが多く，時間が足りず何年経験しても毎年必死です。やらなければならないこと，やりたいこと，あとでも大丈夫なことなど優先順位をつけて，順位の高いもの・ことから順に取りかかります。

仕事の効率化，勤務時間を意識した見通しと計画性のある仕事をすることが求められています。しかし，4月は時間を短くする働き方改革をあまり考えない方がよいといわせてもらいます。必要なことには時間をかけてでも準備をし，整えていくことで子どもが安心して年度はじめをスタートできるのなら，準備にある程度時間をかけるのは当然ではないでしょうか。

「4月にコストをかけておくと一年間がうまくいく可能性がグッと高まる」と考え，大事なことまで先送りや手抜き準備をしないようにしたいものです。

⭐ 学習参観と学級懇談会の準備は念入りに

4月，初めての参観日には学級懇談会を実施する学校がほとんどでしょう。保護者は「今年の担任は，どんな先生だろう」と期待して来校します。学年で相談し，共通の授業を行う場合もあるでしょう。

何の授業をするにしても，「わが子が前向きに学習に取り組んでいる」「先生の話や指示がわかりやすい」という場面をつくることができるように授業を準備することが大切です。

学級づくりのポイント

| 4月 | 5月 | 6月 | 7・8月 | 9月 | 10月 | 11月 | 12月 | 1月 | 2月 | 3月 |

4月

レク
出会いのレク＆アイスブレイク
〜拍手送り〜

🕐 10分

ねらい どうしたらもっとタイムが縮むかという改善案を話し合い，達成感をみんなで味わうことで，みんなのことを考えることのよさを実感させる。

準備物 なし

佐橋　慶彦

 ## どんなレク？

　座席順に手を叩いていき，最後の人が叩き終わるまでのタイムを計測するという学級レクです。前の人が叩いた後に，いかに素早く手を叩くかということがポイントになります。また，途中でどうすればもっと早くなるかを相談し，アイデアを出し合う時間を設けます。２年生でも行える簡単なルールですが，全員で同じように参加できる対等感と，みんなで話し合って協力すればよりよい成果を出すことができることを実感できる学級レクです。

 ## レクの流れ

❶ 今から「拍手送り」というチャレンジをします。最初の人が叩いてから，最後の人が叩き終わるまでの時間を計るので，できるだけ短い時間で終われるようにがんばってください。まずはどんな順番か確認しますね。

　図のように，席順に手を叩いていくことが伝わるようにルールを説明し一度練習をしてみます。順番や何をしていいかがわからないと，前向きな気持ちをもつことができません。最初に行うレクだからこそ，丁寧に説明と確認をし，全員に参加のチケットが行き渡るようにします。

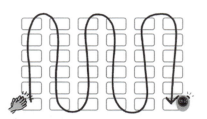

❷ それでは◯年△組，第１回拍手送りを始めます。よーい，スタート。

　学級全体での初めての取り組みなので，その場が盛り上がるように進行を進めます。しかし，ほとんどの場合はどこかで詰まってしまい，よいタイムが出ないはずです。そこで作戦タイムを設けます。

❸ タイムを縮めることができるようにみんなで作戦を考えてみましょう。何かいいアイデアがある人はいますか?

　子どもたちにもっとタイムを縮める方法はないかと投げかけ，意見を拾っていきます。「立った方がいいんじゃないのか」「もう手を準備しておいた方がいい」など，きっと様々な意見が出てくるはずです。それらを整理して，合意を図ったうえで二度目のチャレンジを行います。

❹ みんなで作戦を考えてタイムを縮めることができましたね。他にも試してみたいことはありますか?

　きっとタイムが大きく縮まっているはずです。そこで，さらにアイデアを募ります。大きな声で自分の意見を言おうとする子を落ち着かせ，小さな声にも耳を傾けながら，できる限りみんなが意見を言えるような対等な雰囲気をつくります。「自分の前の人と次の人が見えるような体の向きがいい」「次の人に送るように叩くといい」のようにアイデアが具体的になってくるはずです。もしアイデアがなかなか出てこない場合は，「体の向きはどうする?」「立つ?座る?」など視点を与えるような声かけをするとよいでしょう。最後に，目標タイムをみんなで設定します。例えば目標が10秒以内に決まったのであれば，「じゃあ10秒を切ったらみんなでそのまま大きな拍手をしよう」と提案し，再チャレンジを行います。

❺ おめでとう。クラスの最初の一日からこんないいタイムが出るなんてびっくりしました。でも，みんなはどうしてタイムを縮めることができたんだと思いますか?

　「みんなで考えたから」「みんながタイムを縮めようとがんばったから」など前向きな言葉が出てくるでしょう。そんな言葉を一つ一つ受け止めながら，短い言葉でまとめていきます。
　「どうやったら次の人が叩きやすいかな，どうすればみんなでタイムを縮められるかなって一生懸命みんなのことを考えてくれた人がたくさんいたからタイムが縮まったんだと思います。逆にこれが，周りに遅い人がいるとか，何回もやりたくない，というように自分のことだけを考えている人がいたらきっとうまくいっていないですよね。こうやって"みんなのことを考えられる"と今日みたいに温かい時間がやってくるかもしれないですね」
　そんなふうに子どもたちの言葉を生かしながら，「みんなのことを考えて意見を出し合ったら，温かな時間ができた」ということが子どもたちの心に残るようにしていきます。

学級づくりのポイント

4月　5月　6月　7・8月　9月　10月　11月　12月　1月　2月　3月

4月 ICTのルールと準備

佐藤　翔

⭐ 1人1台端末の使い方について学校全体の方針の確認を

　ローマ字を学習するのは小学校3年生からなので、低学年のうちは1人1台端末を使う場面が少ないと思われるかもしれません。しかし、写真で記録をとったり録音や録画をしたりすることは、文字を書くことが苦手な子などにはとても有効です。少しずつ慣れていくことで、上学年で自分にとって意味がある活用を自分で考えられる子にしたいものです。

　まずは、管轄の市町村や学校全体ではどのような活用方針があるのかを確かめましょう。そのうえでどのようなルールがあるか確認していく必要があります。

⭐ 使い始める前に授業で同意書やガイドラインの確認をする

　同意書や使い方についてのガイドラインは管轄の地区か学校ごとに用意されています。ここで大事なのは、子どもと一緒に確認することです。同意書などは保護者が署名して終わるものもありますが、「学習以外では使えない」「誰かを悲しませることは警察問題にもなる」ということを本人が事前に確認することが大事です。

　そうすることで、使い方に違反した場合に教員によって差が出て十分な指導にならないことを防ぐことができます。具体的には「違反したらその日は使えない」「違反が続いたら一度使用を控え、本人や家庭と話し合う」など、子ども本人も納得して進めるようにしたいものです。

　準備ができたらカメラ機能やお絵描き機能などを積極的に使い、係の掲示物を作ったり授業で取り入れたりと「文房具」として使えるまでに慣れ親しむことをおすすめします。

⭐ やりながら学ぶ中でICTリテラシーを意識させる

❶ パスワードは暗号を連絡帳・自由帳に書く

　「低学年だから失くすし、機密情報はないからパスワードは本体に貼っていてもよい」と考える方がいますが、そんなことがあってはいけません。小さいころから大事なところを学ばせ

068

る必要があります。

　低学年では，入力方法をローマ字ではなく，ひらがな入力にしています。また，パスワードはその方式で読み取らせます（例えば "qwer" はキーボードの日本語入力を読めば「たていす」になります）。こうすることでどの子もパスワードを覚えやすくなります。それを連絡帳等に貼っておけば，事情を知らない人にはわからないようにすることができます。

❷「人のもの」の撮影は許可が必要と学ばせる

　SNS 等では一般人の写真や動画を勝手にアップして「晒す」ということがされていますが，これは肖像権を侵害しています。特に子どもは「おもしろいから」という理由で，本人に無断で友達に写真を送り，それが本人の知らないところで広がっているということがあります。「誰かを写すときは許可が必要」というのは当たり前ですが，とても大切なマナーです。

❸共同編集やグループウェアで楽しさやルールを学ばせる

　上記に加え，実際にされたら嫌なことでも，オンライン上では「ふざけ」や「ノリ」で簡単にできてしまうことがあります。一つ一つ指導することもよいですが，私は使わせてみて学ぶ機会を取り入れることをしています。

　Google スライドの共同編集や，グループウェアのお絵描きアプリなどで好きなもの当てクイズをしたり，絵しりとりをしたりします。そうすると，数人の子はわざとふざけた絵を描いたり，誰かの絵を消してしまうことがあったりします。

　叱ることも一つですが，全体で共有して，された人の気持ちを理解したり，学びにつなげられたりするとよいです。もちろんないに越したことはありませんが，ICT リテラシーは経験上「やりながら学ぶ」ことも多いです。禁止ばかりにするのではなく，子どもの柔軟な発想から，なぜダメなのかを理解できるような取り組みが必要と考えます。

□学校の1人1台端末の利用方針は職員に共通理解されているか

□子どもと，使い方やルールについて一緒に確認したか

□パスワードの管理の仕方などを，低学年から段階的に身につけられているか

□カメラやお絵描きアプリなどを積極的に使っているか

□いろいろな機能やアプリを試す中で，トラブルを学びにつなげられているか

4月 掃除指導
子どもと一緒に燃える掃除の時間

北森 恵

★ 「掃除をしない担任」になっていないか

　高学年を担任したとき，一緒にトイレの便器を磨いたり，廊下を雑巾がけしたりすると，「え！　先生もトイレ掃除するの？」「え！　先生も雑巾がけするの？」と，驚かれたことがあります。なぜ驚くのか聞くと，それまでの担任の先生は，指示のみだったり，掃除の時間は丸つけをしていたり，ほうきを使っているところしか見たことがなかったりと，トイレ掃除や雑巾がけを一緒にした経験がなかったからだそうです。「先生は面倒な掃除をしないもの」というイメージがあると，子どもたちも身を入れてきれいにしようとは考えません。

　2年生は，1年生より掃除の分担場所が増え，1年生より少ない人数で分担場所を掃除しなくてはいけないという学校も多いのではないでしょうか。掃除をする負担は，1年生よりも大きいのです。そのため，「面倒くさい」「やらされ仕事だ」という思いをもちやすくなります。

　それを払拭する第一歩は，「楽しく掃除をする担任の姿」を見せることです。

★ 担任がまず「燃えて」みせる

　掃除の時間，まずは担任も身支度を整えましょう。掃除道具を持ち，できれば子どもたちにとって一番負担が大きいと思われる掃除を一緒にしましょう。「ようし！　今日もきれいにするぞ！」と掃除を始めます。掃除の途中で，「○○さんの雑巾がけ，新幹線みたいだね」「○○さんは，こんな小さいごみも見逃さないんだね」など，見つけた素敵な姿に，すかさず声をかけましょう。そして，掃除が終わったら「きれいになって気持ちいいね！」「担当の人たちのおかげだね」とフィードバックを忘れずに行います。

⭐ 子どもたちの意欲を高める言葉がけ

担任が掃除を楽しんでみせると，あとに続く子どもが出てきます。そういう子どもを見逃さず，声をかけることで，掃除への意欲がさらに高まります。

❶ ○○さんが師匠だ！

机をたくさん運んでいる子，黒板をピカピカにしている子，雑巾がけをたくさんしている子，ほうきをすみずみまでかけている子など，お手本とすべき子を見つけたら，「○○さんが机運びの師匠だ！」などと声をかけます。

❷ どうやったらこんなにきれいにできるの？

掃除を終えた後，きれいになった場所を担当した子どもたちに，「ええっ，こんなに床がピカピカ！　どうやったらこんなにきれいにできるの？」と驚くと，「今日，○○さんと□□さんが雑巾がけを20回していたよ」と教えてくれます。担任の驚く姿に，「次は自分たちも！」と張りきる子どもたちも出てきます。

❸ 今日は，先生，○○さんに負けないように，○回がんばるんだ！

掃除が始まる前に，「今日は，○○さんに負けないように，机を10個運ぶんだ！」と目標を言うことで，「じゃあ，僕15個！」「私，昨日10個運んだ！」「先生運ばないで！　机がなくなっちゃうから」と，子どもたちも燃えます。そんな言葉に一つ一つうなずきながら，「よし！一緒にいっぱい運ぼうね！」と気持ちを高めましょう。

□担任がまずは燃えてみせる

　2年生の子どもたちに，「楽しく掃除をする姿」「きれいになったことを喜ぶ姿」を見せることで，「掃除中のあるべき姿」を示します。担任が一緒に掃除に取り組むことは，子どもたちの「面倒だな」「やりたくないな」という気持ちを軽くしてくれます。

□子どもたちの意欲を高める言葉がけをする

　①子どもたちの中から，目指すべき姿を見つけて声に出して言います。

　②子どもたちのがんばりに気づいて，驚いてみせます。そして，全体にアナウンスします。

　③目標を言葉にすることで，協働への意欲を高めます。

学級づくりのポイント

授業づくりのポイント

第3章　小学2年の学級づくり＆授業づくり　12か月の仕事術　071

4月 給食指導
給食時間をハッピーに

北森 恵

★ 給食の時間が楽しい子だけではない

　3時間目が始まるころには「おなかすいたなぁ」「今日の給食何かなぁ」と話す子がいたり，「今日の給食の○○が楽しみで，がんばって登校しました」と言う子がいたりと，給食の時間は，子どもたちの学校生活を彩る一つにもなっています。しかし，一方で，「嫌いな食べ物が出るから憂鬱だな」「時間内に食べられないから，苦痛なんだよね」と考える子どもがいることも事実です。学校給食の目的の一つに，「学校生活を豊かにし，明るい社交性を養う」ということがあります。だからこそ，子どもたちにとって楽しい時間になるようにしたいものです。

★ 「全員同じ」をやめる

　給食の時間を少しでも楽しい気持ちで迎えられるようにするには，「全員同じ」をやめることもよいのではないでしょうか。「いっぱい食べる子」「好き嫌いのない子」ではなく，「給食が苦手な子」の目線に立った工夫を考えてみましょう。

❶ 全員同じ量を食べるのをやめる

　「魚を半分に　ブロッコリーを1個にしてください」など，自分で食べられる量を当番に伝え，調節させます。しかし，「減らしたからには完食しましょう」という指導はしません。

❷ 全員同じ時間に食べ始めるのをやめる

　食べる時間が足りない子どもには，最初に配膳し，早めに食べさせることで，食事時間を確保することができます。

❸ 全員同じ場所で食べるのをやめる

　「においのこもった教室が苦手」「いろんな話し声の中で食事をすることが苦手」「たくさんの人と食事をすることができない」という子どもが，稀にいます。保護者や管理職とも相談し，保健室など，教室以外で落ち着いて食事ができる場所を用意しましょう。

★ 給食時間を楽しい時間にするヒント

　2年生に限らず，給食時間が楽しくないと感じる子どもの多くは，「嫌いな食べ物が出るから」「知らないメニューを食べたくないから」と答えることが多いです。また，「早く食べて」と言われることは，食べるのがゆっくりの子どもには苦痛のようです。そういった子どもたちも，給食時間を少しでも楽しく過ごせるように，ちょっとの工夫をしてみませんか。

❶「嫌いな食べ物を残す自分」を嫌いにならないように

　給食がスタートする日には，「先生も嫌いなものがあってね」と話します。好き嫌いは誰にでもあること，食べられないものを残すことは悪いことではないこと，嫌いなものは最初から減らしてかまわないことなどを話します。それが教室内にしっかり共通認識としてあることで，「嫌いな食べ物を残すことはいけないんだ」という思いを払拭することができます。

❷「知らない食べ物」を「食べてみたい食べ物」に

　給食には，子どもたちの知らない献立や，食べなじみのない食材・苦手な食材が使われていることもあります。そのままにしておくと「食べたくない」に直結します。ですから，配膳するときには「今日は暑いね。きゅうりには体を冷やす効果があるんだよ」「体育で体をいっぱい動かしたから，豆は筋肉に変身してくれるよ」「オクラのねばねばは，おなかに優しいんだよ」など，「それは食べてみたい」と感じるような言葉がけをしていきましょう。

❸「早く食べよう」をなくす「エンディングテーマ」

　給食の時間が終わる10分前に，いつも決まった音楽を流します。それがあると「あ，そろそろ終わりだから，デザート食べちゃおう」「おしゃべりしてたけど，ご飯食べなきゃ」と，時間を意識した行動を，子どもたちは自分で判断していきます。「もうすぐ時間だよ！　早く食べなさい！」ではなく，子どもたちが自分で決めて行動することを促していきたいですね。

□「給食が苦手な子」の目線に立った工夫を考える
　クラスにいる「食べるのが苦手」という子どもの実態に合わせた工夫を考えましょう。「全員同じ」をやめることも方法の一つです。
□給食の時間を楽しくする
　特別な活動をする必要はありません。子どもたちは，友達とおしゃべりしたり，自分のペースで食べられたりするだけでも十分楽しいのです。担任の強い指導ではなく，子どもたちが「食べたい」と思えるような工夫，言葉がけをしていきましょう。

第3章　小学2年の学級づくり＆授業づくり　12か月の仕事術　073

学級づくりのポイント

4月

当番活動
自分に○をつけられる経験をする

北森 恵

★ 自分に「小さな○」をつける当番活動

　当番活動は，学級の中にある仕事を子どもたちが分担するものです。掃除当番，給食当番，日直や一人一役など，様々な形で行われます。その中には，子どもにとって面倒なものや，休み時間を使って行うものなどもあるでしょう。しかし，それだけに，当番活動はがんばったことがわかりやすい活動でもあります。子どもたちがした仕事に，担任や友達が「ありがとう」と声をかけることで，子どもたちは「がんばった自分」を自覚し，小さな○を自分の心につけていきます。小さな○をつけることは，他者のためにがんばった自分を認めることです。

　そういった小さな○が，学級の中でたくさん生まれることが，当番活動の醍醐味なのだと思います。そして，やがて子どもたちが高学年になれば，その経験が委員会などでも発揮されるでしょうし，大人になれば社会に貢献することにつながるかもしれません。子どもたちが「自分がしたんだ」と自分に○をつけられる経験が，未来を変えていくのです。

★ 掃除当番・給食当番

　掃除当番と給食当番は，当番活動の２トップです。学校での割り振りや学年での統一した方法があることが多いのではないでしょうか。子どもたちの意見などを反映することが少ない分，大事にしたいのは，子どもたちのがんばりを見つけ，しっかりフィードバックすることです。

　「こぼさずによそえたね」「はいどうぞ，って渡してあげていたね」と給食当番を労ったり，「みんなで協力していたね」「雑巾がけが丁寧だったね」と掃除当番のがんばりを見つけたり，できる限りまんべんなく声をかけます。そうすることで，子どもた

ちが自分で「がんばった自分に〇をあげよう」と思うようになります。

⭐ 一人一役

　子どもたちの意見を反映できる当番活動として，一人一役があります。「やらされる仕事」にならないように，子どもたちの「自分で決める」という力を引き出しましょう。

❶ 学級会で，1年生の経験を想起させる

　1年生でも当番活動を行っている子どもたちですので，どんな仕事内容があったのか出してもらいます。そして，そのときに困ったことがなかったかも確認します。困ったことがある場合，それを2年生では解決していきたいので，あとでアイデアを出し合うことも話します。

❷ 仕事を決定する

　1年生で経験した仕事や2年生となった今，必要と考える仕事を加えて，当番の仕事を決定します。1年生ではあったけど，2年生ではいらないと思う仕事もあるでしょう。4月に決めた内容は，今後も子どもたちで振り返り，新しく加わるものが出てきたり，逆になくしてよいものも出てきたりすることを伝えます。

❸ 当番活動の進め方を決める

　❶で出た「1年生のときに困ったこと」は，ここで解決方法を話し合います。「仕事が多くて大変だった」「2人でやる仕事だったけど忘れる人がいて，1人でやることがあった」など，様々な困ったことが出てきます。それに応じて，分担する人数を増やしたり，担当する日を減らしたりするなどのアイデアを出し合いましょう。解決方法に子どもたちが納得したら，子どもたちの分担を決めます。

□担任のフィードバックで貢献感を引き出す
　自己決定できる余地が少ない掃除当番や給食当番は，担任からのフィードバックを大切にしましょう。それがあることで，子どもたちが自分の仕事に価値を見出します。
□子どもたちの自己決定でやる気を引き出す
　一人一役など，子どもたちが決めることができるものには，積極的に意見を出してもらいます。そうすることで，「やらされている」という思いから，「自分たちで決めたことだからやってみよう」という意欲を引き出せます。

学級づくりのポイント

授業づくりのポイント

第3章　小学2年の学級づくり＆授業づくり　12か月の仕事術　075

4月 係活動
「好き」「楽しい」から始める

北森 恵

★ 係は担任の下請けではない

　電気係，水やり係，配り係，チョーク係……初任時代，私のクラスにあった係です。このような担任がすべき仕事を，子どもたちに下請けさせるような「係活動」は，単に担任の負担をほんのわずか軽くするだけです。しかし，残念ながら，今でも「係活動が軌道にのると，（教師が）すごく楽になるよ」と後輩教員に教えるベテラン教員もいるようです。

　係活動は，担任の下請けではありません。学級目標のもと，子どもたちが得意なことや好きなことで，学級を盛り上げていく活動です。

★ 「好き」「楽しい」で仲間づくり

　係活動を決める際，まず子どもたちに問いかけます。
　「あなたが得意なこと，好きなことは何？」
　その問いに，子どもたちは「折り紙」「なわとび」「けん玉」などと答えるでしょう。次に，「じゃあ，得意なこと，好きなことの中で，クラスのみんなを楽しませることができるなぁってことを選んでごらん。このクラスの学級目標には『にこにこ笑顔』って言葉が入っているでしょう？　みんなの好きなことで，友達を笑顔にできること，ないかな？」

　そんな問いかけをすると，２年生は「折り紙の作り方を教えてあげたい」「週１回ドッジボール大会をしたい」など，具体的な活動を考えます。うずうずし始めたころを見計らって，「自分がしたいことが思い浮かんだかな。では，やろうと思ったことを紙に書いて。書き終わったら，同じことや似たことを書いている人たちで集まってね。思い浮かんでいない人は『考え中』っ

076

て書いて，楽しそうだなってところに入っていいからね」と言うと，子どもたちは事前に配っておいたコピー用紙に，自分のしたいことを書いて教室を歩きます。そして，見つけた仲間で係を結成します。同じ活動でもいくつかの係に分かれてもよいですし，「一人でやりたい」という子どもがいたら，尊重してあげましょう。

⭐ 係活動を軌道にのせるために

係を結成したら，三つのことに気をつけて係活動を軌道にのせましょう。

❶ 定期的なイベントの設定

係活動では，週１回のイベントの時間を確保します。休み時間だけでなく，朝の会や帰りの会の３分程度でもかまいません。それがあることで，子どもたちは話し合ったり，準備をしたりと係として動くことが当たり前になります。

❷ 振り返りの時間を定期的にもつ

イベントをして終わり，では係活動は活性化しません。自分たちのイベントがどうだったか，振り返る時間を設けましょう。「次はこうしたい」「もっとこんなことしてみよう」と，さらに係活動をよくしようと動き出します。

❸ 友達からのフィードバック

学級のために行っている係活動ですから，友達からのフィードバックが何よりの報酬になります。「この前のコント，楽しかった」といううれしいもの，「クイズが難しいから，簡単なのも用意してほしい」という改善を求めるものもあります。それらは活動に還元されていきます。

□係活動が「好き」「楽しい」からスタートしているか
　担任の仕事の下請けにならないように，子どもたちに「好きなことは？」と問いましょう。
□係活動を軌道にのせる三つのポイントを押さえているか
　係として動く時間，振り返りの時間，友達からのフィードバックの時間を定期的に設けましょう。

学級づくりのポイント

授業づくりのポイント

第3章　小学2年の学級づくり＆授業づくり　12か月の仕事術　077

4月　5月　6月　7・8月　9月　10月　11月　12月　1月　2月　3月

学級づくりのポイント

4月

家庭訪問

髙橋　健一

⭐ 家庭訪問を実施する目的は何？

　読者のみなさんは，家庭訪問を実施する目的は何だと思いますか。どうして子どもの家に行き，保護者と話をする必要があるのだろうかと思う方もいるのではないかと思います。また保護者からしても，子どもの担任が家に来るということで，掃除をしたり，仕事を休んだりする必要があり，負担と感じているのではないかと想像します。

　それでも家庭訪問を実施する目的は，三つあるのではないかと思います。一つ目は，子どもの家庭環境を直に感じることができるということです。二つ目は，保護者の安心・安全な場所で本音を聞きやすいということです。三つ目は，家の位置を把握したり周辺の様子を確認したりすることができるということです。

　玄関先訪問を実施している学校や家庭訪問を実施しない学校も増えてきているようですが，家庭訪問をするならば，目的をもって実施したいものです。

⭐ 家庭訪問を実施する際に配慮したいこと

　2年生を担任したときに限りませんが，年度はじめに自己紹介をする際に，好きな食べ物や飲み物を伝えることもあるかと思います。私の場合は，「好きな食べ物は，シュークリームです。30分で17個食べたことがあります」と伝えていました。子どもたちも「健一先生の好きな食べ物は，シュークリームなんだよ」と，保護者に伝えていたようでした。

　そして，いよいよ家庭訪問です。どこの家庭にうかがっても，「先生，シュークリームをどうぞ！」と言われ，ご馳走していただくことになりました。もちろん遠慮するのですが，「じゃあ，持ち帰って，あとで食べてください」となるわけです。歓迎していただけるのはありがたいですが，申し訳なさも感じます。

　古きよき時代の話かもしれませんが，事前に学校からのおたより等で，「お茶等の用意は不要です」と周知するなど配慮しないと，保護者が気を遣うことになってしまいます。

078

⭐ 家庭訪問の事前準備

　家庭訪問は，保護者に都合をつけていただき，実施しているものです。家に先生が来るのは，保護者にとってストレスフルなことではないでしょうか。できる限りスムーズに実施したいものです。

❶ 地図上での確認

　校区の住宅地図をコピーして，子どもの家を一つ一つチェックします。それを貼り合わせて１枚の地図を作ります。令和の時代ですから，Google マップで調べるとか，カーナビに登録するとか，様々な方法があるでしょう。

❷ 移動手段での下見

　時間通りに子どもたちの家庭を訪問するために，事前に子どもの家の場所や駐車スペースの有無などを確認します。一気に確認することは難しいでしょうから，ドライブやサイクリングがてら何回かに分けて確認しに行ってもよいでしょう。

❸ 保護者との話題

　学校での様子を伝えることはもちろんですが，家庭での様子を教えてもらうことも必要です。限られた時間ですので，何を伝え，何を教えてもらうのかを明確にしましょう。おしゃべりが苦手な人は，Ａ４用紙１枚にまとめておくこともできます。

> □保護者に負担をかけないよう，スムーズに家庭訪問を実施するために事前準備（地図上での確認，移動手段での下見，保護者との話題）を周到に。

⭐ 家庭訪問を実施しない場合には

　実は，この10年ほど，私が赴任する学校では，家庭訪問を実施していない場合が多くなりました。家庭訪問は実施しないけれど，家庭確認を実施して子ども一人一人の家の位置を確認することもありました。しかし，コロナ禍の辺りから，それさえも実施されなくなりました。家庭訪問を実施しなくても，不都合を感じたことはありません。ただ，いざというときに校区や通学路を知っていないと困ることもあるのではないかと思います。何らかの機会を設定して，教師の校区探検は必要だと思います。

| 4月 | 5月 | 6月 | 7・8月 | 9月 | 10月 | 11月 | 12月 | 1月 | 2月 | 3月 |

4月 出会いの場での読み聞かせ

戸来　友美

★ 出会いの場で読み聞かせ

　4月の出会いの日。私は，どの学年の担任をさせてもらったときも，子どもたちに絵本の読み聞かせをしています。それは，絵本を読み聞かせすると，私の手にある小さな絵本の世界にみんなが目を向け，お話を聞いていくうちに緊張がほぐれ，安心した表情になる経験をしているからです。

　新学期の始まりには，2年生として新しい挑戦に胸を躍らせる子もいれば，不安を抱える子もいるでしょう。このようなときにこそ，みんなで同じことを経験する時間となる絵本の読み聞かせは効果的ではないでしょうか。それぞれの先生の思いを込めながら，一つの絵本の楽しさを子どもたちと共有する時間をつくってみませんか。

　出会いの場や新しい始まりにぴったりな絵本を3冊紹介します。

● 『はじめまして』
（新沢としひこ　作，大和田美鈴　絵／鈴木出版）

　2年生になっても，たくさんの「はじめまして」なできごとや人に出会います。そんなときに，親しみをもてるような「歌う」絵本です。絵本の表見返しには8小節の楽譜があります。

　ねこ，ぞう，子どもたちが自己紹介をして，「どうぞ これから よろしくね」と歌います。生き物だけでなく，ピアノやいすも自己紹介します。知らないものや初めてのことに出会ったときに，親しみをもって接する大切さを伝えています。

　絵本の中の子どもたちは，お辞儀をして挨拶しており，自然と素敵な挨拶の仕方も教えてくれます。

　この絵本の読み聞かせの最後に，先生の自己紹介を取り入れるのもよいでしょう。すべてを読み終え絵本を閉じた後に，子どもたちと一緒に手拍子しながら担任も自己紹介するという流れです。読み終えた後の休み時間には，思わず口ずさむ子もいると思います。

● 『ねえ，どれがいい？』
（ジョン・バーニンガム 作，まつかわまゆみ 訳／評論社）

　見開きのページに「ねえ，どれがいい？」という問いと一緒に出される選択肢は，どれもおもしろいものばかりです。選択肢にはよくないものもある，そんな中，選んだら思わず理由も伝えたくなる子も多いはずです。

　読むだけでなく，話したり聞いたりすることができる，想像力やコミュニケーションを育む出発点になる絵本です。どんな答えでも，受け入れられる体験ができる場をこの絵本でつくってみてはどうでしょう。選ぶのが難しい子や，理由をうまく伝えられない子もいるかもしれません。そんなときには，どれがいいか悩む姿や，伝えたいと考える姿を認めて，どの子も絵本を楽しめる時間になるように配慮してください。この絵本は見開きに，一つの問いがあるので，教室で読み聞かせするときに，時間に合わせて読む分量を調整しやすいです。1983年に日本で初版が発刊されてから長く読まれている本です。

● 『いっしょだよ』
（小寺卓矢 写真・文／アリス館）

　この絵本では，小さな植物や生き物たちが森の中で一緒に生きる様子が写真で描かれています。お互いに寄り添い合いながら豊かな森をつくりあげている様子が，美しい写真で表現されています。

　この絵本の美しい写真から，２年生のみんなで楽しい教室をつくっていくというメッセージを伝えることができるのではないかと思います。

　また，タイトルの「いっしょだよ」という言葉は，教室に安心感を生み出すことができます。私には，大小異なる四つのきのこが並んでいる写真が，まるで子どもたちが集まっているように見えました。植物たちが共に生きる姿に自分たちを重ねる子もいるでしょう。自然の中で異なるもの同士が共に生きる姿から，違いがあっても一緒にいることの大切さを感じることができるでしょう。自然の美しさと，仲間と一緒にいる安心感を味わえる絵本です。

| 4月 | **5月** | 6月 | 7・8月 | 9月 | 10月 | 11月 | 12月 | 1月 | 2月 | 3月 |

学級づくりのポイント

5月

今月の見通し

行事を利用し，
目標に向けてがんばる経験で成長を促す

近藤　佳織

今月の見通し

学校行事

- 運動会に向けた打ち合わせ，種目決定
- 種目練習計画の立案（合同体育など）

家庭との連携

- 運動会などの参加の仕方で配慮の必要な子への対応

学年・学級

- 学級ルールの確認（時間，宿題，提出物）
- 学年目標の掲示
- 学習ルールの確認
- 生活科…育てる野菜等の準備

　学級開きから１か月。ようやく軌道にのり始めたころに連休になります。連休により学級の状態は元に戻ったといっても過言ではありません。連休明けは仕切り直しと考えます。４月に教えたことを確認し，忘れていれば再度教えて学級での暮らしをつくっていきます。

★ 子どもの実態をつかむ〜つながりの確認〜

　４月に確認した学校生活や学級のルールを再度確認します。給食や当番活動はうまく回っているかを見直します。担任として朝はできれば教室で子どもたちを迎え，登校後やることがわかっているか，時間に間に合うか，朝読書では静かになるかなど実態を見ます。

　また，この時期，子ども同士，誰と誰が一緒にいるか，班活動をしたときの机の付け方，会話の様子はどうかなど，つながりの度合いについても把握します。

　４月と比較し，まだまだできていないと焦る気持ちも出てきますが，連休でリセットされた

と捉えて引き続き，できている点を認めながら指導をします。

⭐ 行事への準備，当日の経験で成長を

　5月の行事に運動会があれば，詳細は4月中に決まっているところが多いでしょう。運動会そのものや自分たちの種目のねらいを伝え，目標を決めます。そして，目標達成のために具体的にはどのようなことをすればよいかを子どもに考えさせていきます。

　例えば，「力を合わせる」という目標であれば運動会ではどの場面で何ができるかを問います。子どもは「玉入れのとき，1年生より（投げる場所が）遠いけどがんばって投げる」「いっぱい拾って投げる」「応援では声を出す」など自分の出番にできそうなことを2年生なりに考えます。みんなが思いつくわけではないのでそうした考えを共有し，参考にさせるとよいでしょう。

　また，運動会練習時には，先輩としてかっこいい姿を見せようと動機づける，低学年種目では1年生に教え，手本になっている場面を取り上げて伝えることで意欲をもたせます。

⭐ 張りつめた空気や疲れを察知し，ゆるみの時間を

　連休が明けると運動会に向けての練習が始まります。学年だけでなく，全校にかかわる動きや練習が増え，朝や休み時間に担任が教室を空けざるを得ないこともあります。また，全体練習による時間割変更が増え，いつもと違う流れを苦手とする子にとっては苦しい時期です。

　中には，運動会の全体練習に参加できない，移動や整列が難しいなど集団での動きにうまくのることができない子が出てくるかもしれません。可能であればその子の思いを聞き，保護者との相談のうえ，学校としてどう対応できるか，参加の仕方などについて検討し対応する必要があるでしょう。

　また，参加できている子も全校の応援練習などが増えるにしたがって休み時間の自由度がなくなり，イライラする子も出てきます。こうしたことを想定し，参加前にねらいを絞って伝える，できた点をこまめにフィードバックすることなどで練習への意欲持続を目指します。

　同時に，一日の中に息抜きやホッとできる物理的な時間を生み出すことも必要だと考えます。例えば，5時間目は生活科や図工にし，活動や自由度がある学習を中心にするなどです。また，学級裁量の時間は，余裕をもたせた活動量にし，最後の10分間は教室内で，など条件をつけて自由に過ごすこともできます。大きな成長を望むあまり，子どもを追いつめすぎないよう心がけたい時期です。

5月 学級目標の決め方・生かし方

学級づくりのポイント

佐藤 翔

⭐ 学級目標は三者の想いを入れる

　2年生の子どもたちは一年間の学校生活の経験から，行事や学校の仕組みに一応の見通しをつけることができるようになります。自分たちが「どうしたいか」という想いをもたせて行事や生活を送らせるために，学級目標や合言葉があると一貫した指導がしやすくなります。

　学級目標は，「学校（担任教師）」「家庭」「子ども」などの想いを大切にしたいものです。そこで学級開きや学級目標を決める際には，教師から，学校の教育目標や発達段階を考慮して「このような姿になってほしい」と具体例を挙げて伝えます。家庭の想いもあわせて示すことで，子どもたちは考えるきっかけを得ることができます。その後，子どもたちにどんな学級にしたいか，または大切にしたいことを合言葉としてまとめるなどして考えさせます。

❶ 学年だよりと懇談会で家庭の想いを形にする

　学年だよりは学校からのお知らせだけでなく，家庭からの質問や感想，日頃の家庭での過ごし方など話題提供をいただく場とすると，学校と家庭が一体となって教育にあたることができます。4月の学年だよりには，子どもたちにどう育ってほしいかご意見をいただくことをお知らせし，懇談会でいただいたご意見を掲示しておくと子どもたちも参考にするようになります。

❷ 想いを入れるために「自分」を入れる

　全員発表やアンケートを使って一人一人の想いが全体に伝わる方法を用いて決められるとよいです。学級目標の掲示物を作る際には，一人一人が描いた自分のキャラクターや手形などの「自分の分身」を入れることで，達成しようという意識が高まり，言葉が自分事となりやすくなります。

⭐ 毎日のように具体例に落とす

　目標は，自分たちで振り返り，評価しなければ意味がありません。学校行事や学級イベント

の節目には，事前に「今日の〇〇の会で学級目標を達成するには，どんな姿が見えるといいかな？」と伝えます。行事を終えたらその日のうちに「学級目標達成のために何ができましたか？／よく取り組めましたか？」と振り返らせます。

　また，授業や給食・清掃指導などの日常の中でも意識させて振り返らせたいものです。朝の会や帰りの会，給食を食べながら等，よい行動が見られたときは率先して称賛しましょう。

⭐ 振り返りは子どもの視点を大切にする

　この実践で大切なことは，子どもが自分たちで決めたことを達成しようとすることです。一つ一つの問題行動を叱っていては，子どもは受け身になり考えようとしなくなります。2年生といえども，自ら考えて取り組む姿勢を育むため，以下の手立てを講じます。

❶ 評価に厳しい子の考えも大切にする

　周りから見るとよくできているのに，自分ではできていなかったと厳しい評価をする子がいます。その子の視点はとても重要です。全員に求めるわけではなくても，次回はそのようなレベルを目指すこともふまえ，全体に共有できるとよいです。

❷ みんなで達成して，次を期待する

　学級目標は達成すべきものです。達成できたら，次回はより高いレベルを期待することもできます。2年生はまずは「全体で〇人以上できていたら達成」と学級全体でゲーム感覚で取り組む方が取り組みやすいかもしれません。達成していくことが楽しみになるとよいです。

❸ 慣れてきたら自分で基準を選ばせる

　成長は一人一人違うものです。目標の振り返りに慣れてきたら，複数の選択肢から基準を選ばせたり，自分に合った基準を考えさせたりして取り組めるようにさせていきます。

□学級目標には教師や家庭の想いも入っているか
□自分たちでつくりあげたものが，自分事となっているか
□学級目標を適宜振り返り，成長につなげているか
□子どもの振り返りを，全体の学びにつなげられているか
□みんなで楽しみながら達成できているか
□子どもが自らのめあてを意識できるように取り組めているか

学級づくりのポイント

授業づくりのポイント

5月以降の座席の決め方

佐藤 翔

★ 席替えをする理由・目的を伝える

　子どもたちは席替えが大好きです。それは様々な友達と隣の席になって出会うこともあれば，いつもと違う場所の席になるだけでも刺激になるからです。1年生のときにはルールの徹底や個別の配慮などで席替えがなかったかもしれません。前年との接続を考えつつ，担任が席替えを行う理由や目的を明らかにして，子どもに伝えることが大切です。また，様々な席の配置の工夫も考えられますが，本項では全員が黒板側を向いて座る一斉型の座席を前提とします。

❶ 気分転換

　勉強やスポーツにも気分転換は欠かせません。ちょっと違う角度から教室を見ることができる，窓側はグラウンドが見えるとか，廊下側は巡視で来る校長先生と挨拶しやすいとかそのような少しの違いも楽しんでほしいと伝えます。

❷ 友達とかかわることの意味

　学校で席替えをすることの一番の理由が，友達との様々な出会いになるでしょう。好きな人や苦手な人ができたり，給食での会話でまったく知らない一面を見ることができたりと，席替えによる効果は大きなものです。たくさんの人とうまくかかわる勉強だということもできます。

★ 配慮が必要な子は，本人と家庭の納得を得て

　席替えしたことで不安や学習しづらい状態になってしまっては本末転倒です。まずは配慮が必要な子の対応を確実に行いましょう。その場合以下のように本人や家庭と話し合いをもったり連絡をしたりして，その子に合った座席にできるとよいでしょう。

❶ 見え方・聞こえ方に配慮が必要な子

　視力・聴力が低い子や，左右のバランスが悪い子などは周りの子どもも配慮した方がよいと

わかることが多いでしょう。その他にも，見えはするけれど視覚情報をうまく整理できず，どこをノートに写せばよいのかわからない子などもいます。机間指導のときに目立たず助言できるような席もそのような子は助かることがあります。

❷ 集中力や注意の向け方に配慮が必要な子

掲示物が近かったり，友達の声が多方面から聞こえたりする刺激が多い席だと授業に集中できない子や，注意が他にそれやすい子もいます。視野の中に教師が入りやすく声をかけやすい前方の席の方が集中しやすいことが多いです。

❸ 友達とのかかわりに難がある子

手が出たり精神的に落ち着いていなかったりと，教師が優先的にかかわらなくてはならない子は，教師がいる場所に最も近い席にします。そのような子が友達とかかわる際にいつでも助けに行ける位置にすることで，課題に向けて一緒に挑戦することができるようになります。

⭐ 公平に楽しみながら席替えをする

席替えの一番の目的は，かかわることを学ぶことです。ですから，人間関係上など教師の裁量で決めることはあってもよいでしょう。また，次第に楽しむ要素を入れて，公平にできるものであれば以下のように子どもだけで決める要素があってもよいかもしれません。

❶ 席替えアプリを使う

教師が全席を決めているとそれだけで時間がだいぶかかってしまいます。そこで，席替えアプリを使う方法があります。条件を設定してボタンを押すだけで時間を節約することができ，必要があれば，その後に変更をすることができます。

❷ トランプでくじ引きにする

子どもにも身近なトランプであれば，◆は前の席，♣は後ろの席としたり，男女で分けたりなどわかりやすく，準備もなくすぐに実施することができます。

□席替えの理由・目的を子どもに伝えているか
□配慮が必要な子がいるということを子どもが理解しているか
□配慮が必要な子とその家庭に連絡をし，納得しているか
□席替えに楽しむ要素が入っているか

| 4月 | 5月 | 6月 | 7·8月 | 9月 | 10月 | 11月 | 12月 | 1月 | 2月 | 3月 |

5月

運動会

岡田　順子

★ 運動会で何を育てたいか

　運動会は，事前に競技の練習を重ねて臨むことが多いですが，走力を高めるために行っているのではないことは言うまでもありません。運動会は学校行事ですから，行事を通して特別活動の目標に示されている姿を育成することを目指していることになります。

　「小学校学習指導要領（平成29年告示）解説　特別活動編」において，「健康安全・体育的行事」の内容は以下のように書かれています。

> 　心身の健全な発達や健康の保持増進，事件や事故，災害等から身を守る安全な行動や規律ある集団行動の体得，運動に親しむ態度の育成，責任感や連帯感の涵養，体力の向上などに資するようにすること。

　このことから，運動会では体力の向上のほかに，規律ある集団行動，責任感や連帯感等を育てたいと考えます。2年生なりに，それがわかるように説明し，めあてを立てていくことが大切です。

★ 低学年で一緒に練習し，1年生のお手本になろう

　規律ある集団行動は，集団生活や社会生活において欠かせません。しかし，「姿勢よく」「素早く整列」などを目的なしにやらせると，それは子どもにとってただの我慢大会になってしまいます。

　集団行動をやる気にさせるには，できることを「かっこいい」と価値づけることが低学年には合っています。できるだけ具体的に価値づけることです。

　2年生にとって一番わかりやすい価値づけは，1年生のお手本になることです。また，1年生よりも素早く，上手にできることで，褒められたり，すごいと言われたりし，自分たちを誇らしく感じる経験です。

〈素早さを価値づける〉

「2年生は自分たちで整列ができたね。自分の場所を覚えていてさすが2年生！
2年生の真似をすれば，1年生もこんなにかっこよく，素早く並べるようになるよ！」

〈隊形の基準をつくる〉

「2年生が先に並んでくれたから，1年生が迷子にならずに並べたよ。2年生の横に合わせて立てば，まっすぐな列ができたね。2年生ありがとう！」

こんなふうに1年生の前で価値づけられることで，2年生の子どもたちは，自分たちが素早くまっすぐに並ぶ意味を感じることができます。

⭐ めあてを応援し合い，互いの成長に目を向ける

徒競走の順位を争ったり，紅白の勝敗を争ったりするのは，意欲を引き出すのに大いに有効です。しかし，勝負には必ず勝敗があります。負けた子どもにとって，嫌な思い出になる運動会にはしたくありません。

勝っても負けても「がんばった」「いい運動会だった」と思えるには，勝敗以外のめあてをもたせ，自分の成長に目を向けさせ，互いの成長を応援する雰囲気づくりが不可欠となります。

〈勝っても負けても達成を目指せるめあて〉

- 練習の成果が発揮できるように，最後まであきらめないで走る。
- 大きな声を出して，大きく手を振って，みんなに届くような応援をする。
- 1年生の手本になれるように，早く並ぶ。
- きびきびとかっこいい姿を家族に見せる。

めあてを書かせるときに，「どんなことができるようになりたいかな」と，目指す姿をイメージする手助けをしてあげましょう。「今までできなかったことで，できるようになりたいことはないかな。すぐあきらめてしまう人は，あきらめないでできたらすごいよね」など，具体的に例を挙げると2年生でもイメージがもてます。

一人一人のめあてを決めたら，それを掲示したり発表する場を設けたりしましょう。そして，互いのめあてを応援し合うのです。教師は率先して運動が苦手な子どもが一生懸命にゴールする姿や，仲間を本気で応援する姿を練習のときから認め価値づけます。

そうやって勝つこと以外のめあてを意識し，大いに認められる経験をする中で，勝っても負けても「がんばれた」「やってよかった」と思える運動会となるのです。

学級づくりのポイント

授業づくりのポイント

学級づくりのポイント

5月 離席が多くなってきた気になるあの子への対応

南 惠介

⭐ どういうときに座ることができている？

　ついつい人は，「マイナス面」や「困ったこと」に注目しがちです。
　もちろん，「席を離れた」ときに，どういう状況だったかを分析することは大切です。
　「どんな活動だったか」「友達との人間関係は」「我慢が苦手」……あれこれ思い浮かぶことはあるかもしれませんが，そこに対応していてもなかなかうまくいかないことも多いです。
　注目すべきポイントは，「座っている場面」です。
　ずっと立ちっぱなしではないはずです。座っている時間もあるでしょう。
　では，その子が座っているのは，どんなときでしょう。そこを分析してみましょう。どういう状況で，どういう学習活動や学習内容で，どういう席の配置で，何時間目に……。
　まだ２年生なので，それほど明確に言葉にはできないかもしれませんが，「どうして授業中に立っちゃうのかなあ」だけでなく，「どうして，この時間よく座っていたのかなあ」と問うてみることで，離席のきっかけや背景となっているものだけでなく，座ることができている様々な条件も具体的にわかるかもしれません。
　座ることができている条件がはっきりしてきたら，そこに対応していけば少しずつ離席は減っていくでしょう。そうやって，「できているときに注目」することが，結果的に「できていることを増やす」ことにつながっていく例は多いです。
　何よりも，教師の視点とそれに応じた言葉や態度が変わってきます。
　「できていないこと」に注目して関われば，当然叱責や注意につながっていきます。
　「できていること」に注目して関われば，当然褒めたたえたり，肯定的な確認をしたりすることにつながっていきます。視点を変えることで，教師の行動はその子にとって好ましいものになると同時に，そこに座っていると心地よいと感じられるようになっていきます。

⭐ 在り方や環境，活動を見直す

　不適切な行動は，その子の特性によって「のみ」引き起こされているわけではありません。

同じような特性があっても，その子を取り巻く様々な「環境」や「刺激」によって，その子にとっても不本意ながら不適切な行動を起こしてしまいます。

例えば，教室の前面に掲示物がやたらと貼ってあるクラスや，黒板にたくさん文字を書く先生。特性がある子にとっては不必要な情報がずっと入ってくる「苦手」な状態で，日常的にイライラしていて，ちょっとしたきっかけで離席することがあります。

口頭での指示や説明が長い先生の場合も同様であることが多いです。

先生の声が大きすぎたり，叱責が多い場合もちょっとしたことがきっかけになって離席することがあります。

子どもの「できていない」の裏側に，教師側が調整できることが潜んでいることがあります。環境が変われば，時間差で少しずつ子どもも変わっていきます。

その子にとって居心地のよい環境になるよう自分自身が調整していくという視点も大切にします。

★ 誤学習につながらないように

「授業中に席に座らないのは，悪いことではない」と考えている子がいます。

一つは，本当に勘違いしている場合。その場合は，理由をしっかり伝えて，座っていることが当たり前だと伝えていきます。

もう一つは，離席したときにしか周囲の関わりがない場合です。

「関わり」はたとえ叱責や注意でも，その子にとって報酬になる場合があります。そうなると，離席することでご褒美を与えることになってしまい，繰り返してしまいます。

そういう場合には最小限の関わり，あるいはほとんど関わらず，できているときにしっかりと関わるようにします。

遠回りのようですがそうして「座っているといいことがある」と感じられるようにしていくことで，改善していくことは多いです。

□できていないことではなく，できていることに着目し，分析する
　できているときの状況を前後も含めて分析していくことが，改善のヒントとなります。
□その子にとって居心地のよい環境を模索する
　イライラさせている状況を一つ一つ改善していきましょう。
□誤学習を起こさないようにする
　離席しているとき以外の関わりを増やします。

学級づくりのポイント

授業づくりのポイント

第3章　小学2年の学級づくり＆授業づくり　12か月の仕事術　091

学級づくりのポイント

4月 5月 **6月** 7·8月 9月 10月 11月 12月 1月 2月 3月

今月の見通し
子どもとの個別の時間を意図的にとってつながる

近藤 佳織

今月の見通し

学校行事
- 校外学習の計画，準備（町探検）
- 自由参観日等の準備

学年・学級
- 学級・学習ルールの再確認
- 子どもへのアンケートや教育相談の実施
- 授業に参加しにくい，友達とトラブルになる子への対応

家庭との連携
- アンケートや教育相談，その他気になる子やトラブルがある子等への家庭連絡や面談

他
- 祝日のなさ，研修などによる多忙感への対応
- 学期末事務のための準備を早めに開始

「魔の6月」という言葉を聞いたことがある方も多いでしょう。6月は統計的にいじめなどの問題が顕在化したり，不適切行動が増えたりして学級が不安定になることが多い時期です。基本は予防，起きたら初期対応を念頭に，まずは個々の子どもとのつながりを見直します。

★ 子どもの荒れの兆候をつかむ

　年度はじめの緊張が解け，大きな行事も終わった6月。授業中の私語や立ち歩きが止まらず，とげとげしい言葉が飛び交い繰り返されたり，仲間同士のトラブルが増えたりしがちです。
　こうした状態を「荒れ」とすると，立て直すための対応にはかなりの時間と労力がかかります。こうなる手前での対応を考えます。これらは6月に入って行うより，その前から対応を考えておく必要があるのかもしれません。
　かかわりの少ない，つながりの薄い関係ではトラブルもそう起きないため，子ども同士の関

係が深まり，活動が活発になってきたからこそトラブルが増えてきたともいえます。かかわりの量が増えたことを前向きに捉えつつ，適切なかかわりのスキルがあるかを見極め，かかわりの質を高める指導をしていきます。

　まずは今の学級の状態を把握します。この時期アンケートを実施する学校も多いでしょう。他にも授業や活動の開始時刻が守られているか，給食当番や清掃はスムーズに進んでいるか，読書は静かにできるか，教室内の言葉は温かいか（とげとげしいか）などを振り返ります。

⭐ 課題を見つけ，解決の体験をする話し合い活動

　行事による変更が続いた日々が終わり，まずは日常を取り戻すことに注力します。できているところ，確認が甘くなっているところ，課題として教師が改善したいことを挙げます。

　まずは，教師が気づいたことを学級の課題として子どもたちに投げかけ，改善への同意を得ます。例えば，「給食の準備までに時間がかかり昼休みの始まりが遅くなる」「牛乳のストローがたくさん落ちていてなんとかしたい」など日常にあることを課題として提案します。

　このとき教師が「こうしましょう」と決め，指導したとします。教師の指導で改善することも必要ですが，「先生が全部決めてくれる」と学ぶだけに終わってはもったいないです。一緒に学級をつくるということは，小さなほころびを「どうしたらよいか」「自分にはどんなことができるか」，子どもと考え，解決策を決め，できることを試してみる，教師はそれを支えていくことの繰り返しといえます。

　課題共有後は，解決策を募ります。「どうしたらいいかな」と問うと2年生もアイデアを出すでしょう。子どもが出した案の中から一つか二つ決め，まずはやってみます。うまくいけばそれを喜び，うまくいかなければ他の方法を募り試します。まずは，教師がリードしながら，みんなで決めて実行し，少しよくなったという体験をすることです。決めたことを実行する心地よさにより集団への意識を育てる時期です。

⭐ 肯定的な感情の交流で温かい雰囲気づくり

　「ハッピーだった」「ありがとうと思った」「○○さん，ナイス！」など感情を定期的に伝え合う時間をつくります。できれば輪になり，対等性を意識し，互いの顔を見ながら交流したいものです。しかし，状況により，机の向きをコの字型にする，向きは変えず，遠くの人を見て聞こえるように話すなどとしてもよいでしょう。

　思いつかずどうしても言えない子には，「パスします」の一言も意見の表明として認めます。「思いを伝える」「仲間の声を聴く」「肯定的な感情交流」により集団の雰囲気を温めることがねらいです。そうした雰囲気は，安心して学ぶ気持ちの土壌になります。

学級づくりのポイント

6月 学級ルールの見直し

佐藤 翔

⭐ 学級ルールは成長する生き物と捉えよう

　4月の学級開きから子どもに伝えてきたルールですが、3月まですべてのルールがそのまま続いていく場合、学級の成長を怪しんだ方がよいです。ルールは小さな社会である学級がうまくいくために最低限必要なもの。ということは、子どもの成長やシステムに慣れが出てきたら、なくしたり、レベルアップしたりして適宜評価して見直すことが必要です。

　まず、ルールにはどのようなものがあるかを考えてみましょう。

❶ 子どもの成長のためにルールを設定する

　もちろん安全確保のために「教室内は走らない」というルールは大前提として存在するでしょう。ですが、これは大きく見ると、「（安全に）相手を思いやって行動する」という目的のルールに属していることがわかります。一番ないがしろにしてはならないルールといえます。
ルール例：相手の話には反応して聞く、連絡帳を自分で書く、感謝は目を見て伝える

❷ さらに成長するためにルールを見直す

　教室の掃除の仕方のルールは、複数人がスムーズに動けるように手順を示したもので、なくてもできることを目指します。「雑巾」の子が手が空いたからと教室の整理整頓を始めたら、ルールの見直しの機会です。❶のルールを改変し、「手が空いたら、自分のできることを考えて取り組む」など、自分たちの環境を気持ちよく管理するという心を育てたいものです。
見直すルール例：朝の会のメニュー、掃除や給食の当番表や仕事の仕方、金曜日は引き出しを出す

❸ 教師の作業や教育の効率化のためにルールを設定する

　「ルールを用いて集団を効率的に教育する」という視点も重要です。これがうまく浸透していないクラスは集団としてまとまりませんし、❶や❷のルールも浸透しづらくなります。「起立」と言われたらすぐに立つことなど集団の規律の要素があります。
ルール例：提出物の管理や、整列の仕方、授業のルーティン化など多岐にわたります。

⭐ 6月こそルールを洗い出して大振り返りを

❶ 教師が常に振り返りと目的の確認を！

6月は，慣れからかルールが守れなくなっていることも多いです。急にこの時期に教師がイライラして口出しするのではなく，4月から日々教師はルールが守れているか，目的が伝わっているかを確認します。そのうえでルールを洗い出し，確認・変更する機会を設定します。

❷ 子どもたちと「バグ」を見つけよう！

定着しなかったものは，ルールと子どもの実態またはシステムに何かしらの不一致である「バグ」があります。そこで学級会で子どもたちと一緒にその理由を探すのもよいです。「当番は給食準備にすぐ取りかかる」というルールなのに時間がかかっている場合，上の基準でいえば①やる気の問題，②どの白衣が誰のものかわからないなどの原因が考えられます。うまくいっていることからレベルを上げるルールも含めて，よりよい成長のために見直しをしましょう。

⭐ ルールを定着させるために

定着しづらいルールには，子ども自身の実態から理解しづらい・思い出しづらい特徴があるのでしょう。その場合は以下のような方法で，子どもが身につけられるようにしましょう。

❶ 期間限定重要掲示物にする

耳からの言葉だけでは定着しにくい子もいます。目立つ位置の視覚刺激は気が散るため減らすようにすることは定番ですが，大事なものはあえて目立つ場所に視覚刺激として期間限定の掲示物にし，定着してきたら剥がすようにします。

❷ 教師と子どもの合言葉にする

掲示物に対して子どもは受け身になりがちですが，合言葉にするとより能動的になり定着しやすいです。「廊下歩行は〜？」「忍者！」など，子どもたちと価値を共有したものを合言葉にし，実際にその行動をする前に全体で確認すると，教師が注意することも減り行動しやすくなります。

□ルールを設定したら，子どもに目的を伝え，教師は日々振り返っているか
□子どもたちとルールをよりよくしようと取り組んでいるか
□ルールを定着させるために，様々な特性の子に合わせた手立てを講じているか

6月 梅雨時の中遊び

佐藤 翔

⭐ 大事なのは安全にエネルギーを出させること

　雨が続く梅雨時，また最近は熱中症指数によっても外に出られないことが増えてきました。このような時期は無意識に子どものフラストレーションがたまり，事故が起こりやすくなります。そのため，全員でレクをしたり，各自で発散できたりする教室の工夫があるとよいです。

　遊びの中には「学び」がたくさん詰まっています。もちろん自由帳やお絵描き，折り紙でも十分ですが，体を動かしたい元気っ子もハマるアイテムや取り組みを紹介します。

⭐ 子どもがハマる教室環境のひと工夫

　教室の中では場所をとらずに取り組め，家庭ではあまりなかったり，自然と交流が生まれたりする仕組みがあると関係性も紡ぐことができ，子どもは何度も取り組み，教室内でも満足できます。

❶ 昔遊びの道具などの開放

　各校に生活科単元でけん玉やメンコなどの「昔遊び」，木の実や松ぼっくりなどの「身近なものを使ったおもちゃ遊び」があるのではないでしょうか。生活科の学習前であっても親しんでおくことで，学習の助けや学びのきっかけになるでしょう。

❷ 知育玩具で手の感覚を伸ばす

　低学年のうちは，学習進度が速くない分，多様な感覚の刺激を大事にしたいものです。手先を使ってひもを解いて結んだり，はしで豆を運んだりするタイムを競う遊びや，同じ図形を組み合わせて図形をつくりあげる市販の知育玩具などで，教科では表れにくい感覚を磨きます。

❸ 推察力が必要なゲーム

犯人や相手のカードを当てるゲームは人数に幅をもてるため，人気が高いです。互いに会話する中で推理をするので，新しい友達づくりにもつながります。謎解き・パズル系の本をテレビ画面に映してクイズ大会をすることもあります。

短い時間でもできるゲーム例

〈推理・戦略系〉
・ラブレター　　・犯人は踊る
・ワンナイト人狼　・9マス将棋

〈笑いが生まれる交流系〉
・ito（下図）　　・はぁって言うゲーム
・横暴編集長　　・こどもカタルタ　など

© 2019 Arclight,Inc. / 326

❹ 笑いが生まれる交流があるゲーム

推理ゲームと似ていますが，このゲームは自然に相手と打ち解けやすくおすすめです。相手を馬鹿にすることがないよう注意は必要ですが，推理をしたり，物語をつくったり，勝負をしたりする中で笑いが生まれる工夫がゲーム内にあるのでどんどんゲームの輪が広がっていきますよ。

❺ 全身を使う遊び

動きがないと物足りない子には，教室に少し空間をつくり体を動かす遊びをすることもできるでしょう。ツイスターは体幹を鍛えるのにもってこいですし，ケガの心配も少ないです。スケッチブックやホワイトボードがあれば，モノマネを当てるゲームや絵しりとりができます。

❻ 1人1台端末を活用した遊び

担任がついていればお絵描きアプリのほかにも，プログラミングアプリやクイズアプリもおすすめです。プログラミングのブロックをつなぎ合わせるだけでものが動くことは，現実では得がたい経験です。また，クイズアプリで有名なKahoot!には，全国の先生方がつくった教材クイズがたくさんあるので，コストをかけずに遊びながら学習内容を定着させることができます。チーム戦にすれば，学習が苦手な子も楽しめます。

□雨の日などに，安全に過ごせて子どものエネルギーを発散させるものはあるか
□遊びには，集団でできるものや個人でできるものなどレパートリーはあるか
□様々な子に応じた多様な遊びの環境が保障されているか

第3章　小学2年の学級づくり＆授業づくり　12か月の仕事術　097

6月

レク

停滞期を突破！レク＆アイスブレイク
～21ゲーム～

🕐 5分

ねらい 雨の日が多いこの時期に，共通の室内遊びを紹介し人間関係を広げるきっかけにする。

準備物 紙と鉛筆

佐橋　慶彦

どんなレク？

　20本の棒をペアで順番に消していき，最後の21の目印を消してしまった方が負けになります。一度に消せるのは3本までで，パスはできません。まずは隣の子と勝負，次に前後で勝負し，最後に先生に挑戦する時間をとります。

レクの流れ

❶ 今から21ゲームという遊びで隣の人と勝負をしてもらいます。2人で1枚，紙を配るので，先生が黒板に書いたように20本の棒と21の目印を書きましょう。

　右図のように20本の線と21の目印を紙に書いてもらいます。自由帳や裏紙などどんな紙でもかまいません。

❷ ルールを説明します。まずじゃんけんをして，先に消す人と後に消す人を決めます。そして順番に棒を消していきます。ただし，一度に消していい棒は3本までです。1本も消さずにパスをすることはできません。順番に棒を消していって，最後の21を消してしまった方が負けです。

　ルールが行き渡っていないとみんなで楽しむことができないので，丁寧に確認していきます。低学年であっても，雨の日が続くとどうしても仲良しの子や，話が合う子とのかかわりが増えてしまいます。しかし，みんながルールを知っている遊びがあれば共通の話題がなくても一緒に遊ぶことができるようになります。雨の日がクラスのかかわりを広げる時間になるように，こうしていくつかの遊びを丁寧に紹介しておくと効果的です。

❸ 次は前後の人で勝負をしましょう。

　最初のゲームが終わると,「違う子とやっていい?」と好きな子同士で遊ぼうとする子が出てきます。しかし,ここではもう少し我慢してもらい,今度は席の前後で勝負をするように声をかけます。目的は,かかわりの幅を広げることであって,好きな子同士で楽しく過ごせるようにすることではありません。「相手が誰であっても楽しく遊べる」という実感をみんなにもってもらえるよう,あえて相手は指定して行います。

❹ なんだか作戦を考えている人がたくさんいるようですね。では,先生と勝負をしてみたい人はいますか?

　最後に「先生に挑戦したい人はいる?」と先生へのチャレンジを募ります。きっとたくさんの子どもたちが手を挙げてくれるので,公平にみんなでじゃんけんをして勝った1人と黒板で勝負をします。
　実はこのゲームは,先攻を子どもが選んだ時点でこちら側の勝利が確定します。21を取らせるようにするこの遊びでは,逆算すると17を取らせれば勝つことが決まります。またそこから逆算すると13を取らせれば,9を取らせれば,5を取らせれば……となり,最終的に1を取らせた時点で勝ちが決まってしまうのです。あとは,相手が1を選んだら3,2を選んだら2,3を選んだら1というように,1ターンの合計が4になるように消していくだけ。自分が先攻でも,5,9,13,17を踏ませるように覚えておけば十中八九勝つことができます。

　休み時間には打倒先生に燃える長蛇の列ができていることでしょう。こうすると今度は先生と子どもとの間にも普段とは違うフラットなかかわりが芽生え始めます。また,研究を始める子どもたちの集団も現れるでしょう。雨の日が続くこの時期も,考えようによってはいろいろなかかわりを生むチャンスに変わっていきます。

6月 2回目以降の学習参観

岡田　順子

★ 子どもたちがかかわる姿を見せる

　新学期1回目の学習参観では，「今年の担任の先生の授業はどんなだろう」というのが保護者の関心事ではないでしょうか。ですので，1回目の学習参観は，先生が明るくわかりやすい授業を行い，子どもが一生懸命に取り組んでいれば合格なのです。
　2回目以降は，少し違います。子どもが活躍したり，活動したり，話し合ったりする姿を見せたいものです。つまり，友達とのかかわりを授業で見せるのです。その様子を見て保護者は，「友達の中でうまくやっているみたいだな」と安心したり，「楽しいクラスなんだな」と先生を信頼したりするのです。

★ ペア活動を見せる（算数）

　文章問題の式をテープ図で考える授業では，以下のようなかかわる場面が考えられます。

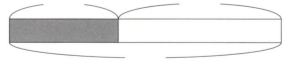

①まずは自分で，どこに10と4が入るかを考える。
②隣の席の子どもとペアで見せ合い，考えが同じか違うか確かめる。
③ペアでじゃんけんをして，勝った人から考えを説明する。負けた人も説明する。
④ペアで数字の場所が同じになったら，一緒に式を考える。
⑤自分たちの式を発表できるペアから全体に発表する。

　ただし，かかわる授業は参観日だけ行ってもうまくいきません。6月までに似たような授業

を何度も行い，スムーズに隣の席の子どもとペアになったり，じゃんけんをして話し出したりできるようになっておくことで，かかわる授業は成功します。

⭐ 活動的な授業を見せる（生活）

生活科では，野菜を育てたり町探検に出たりと，動く活動がたくさんあります。その中で，たくさんのことを身につけていくわけですが，学習参観でこのような授業を行えば，集団の中で子どもたちがどんな動きをしているのかを見ていただくことができます。

例えば，プランターに植えた野菜に支柱を立てる活動なら，こんなふうに進めます。

---

①支柱を立て，苗と支柱を8の字結びで留める作業を手本か動画でよく見る。
②自分のプランターに支柱を立てる。
　（このとき，プランターが倒れないように仲間で押さえ合って作業する）
③8の字結びにチャレンジする。
　（ひもを8の字にすることや結ぶことができなかったら，できる人に聞く）
④最後に家の人に見てもらう。

ひもを結ぶことができるか，協力して取り組むことができるかなど，保護者は子どもの様子をハラハラしながら見ることでしょう。普段から，「困ったときは助け合う」ことを指導していれば，力を合わせて活動できます。

上手に結ぶために，親子一緒に作業を進めることもできますが，都合で保護者が来られない子どももいますので，はじめから保護者に手伝ってもらうのではなく，子ども同士で協力することを大切にします。保護者には，最後にできているか結び目をチェックしてもらいましょう。

⭐ 掲示物を工夫する

保護者が来校する日には，授業だけでなく，掲示物でも子どもたちの様子を伝える工夫をします。図工の作品を展示したり，書写の作品を掲示したりすることも多いです。行事や普段の写真がいくつか掲示してあれば，学校生活の様子がよく伝わります。めあてカードなどを掲示する場合は，子どもが書いた文字に誤字脱字がないか事前に見ておきましょう。

また，当番活動や係活動のことは，家で話していない子どもが多いので，どんな当番活動をしているのかがわかる掲示や，係活動のポスターなどがあると，保護者はよく見ています。

「学習のきまり」や「学級のルール」などが掲示してあれば，保護者が「こんなルールがあるんだな」と確認することができます。

| 4月 | 5月 | **6月** | 7・8月 | 9月 | 10月 | 11月 | 12月 | 1月 | 2月 | 3月 |

6月

友達とのトラブルが増えてきた
気になるあの子への対応

南　惠介

⭐ トラブルにつながる要因を考える

「あの子，いつもトラブルばかり起こして，本当に困ってしまう」

そう考えているのは，先生や周囲にいる子どもたちだけでしょうか。誰だってトラブルなんか，起こしたくありません。当の本人だって実はそう強く思っているのです。だから，トラブルのたびにあの子は悲しそうに，くやしそうに泣いているでしょう。トラブルを起こすたびに，一番深く傷ついているのはもしかしたら本人なのかもしれません。

だからこそ，その子の「困り感」に寄り添って一緒に考えていくことが必要なのです。

２年生の子どもたちがトラブルを起こしているときは，どのようなときでしょう。

一つは，自分の思い込みで怒ってトラブルを起こしている場合。「だって，○○なんだよ」と，周りや相手のことも考えず独りよがりな思い込みで，間違えていると思っていません。違う考え方や捉え方があることを「知らない」。

もう一つは，自分が困っているとき，つらいときに使う適切な言動を「知らない」。

つまり，子どもにとっては「知らない」ことであり，「難しいこと」「できないこと」なのです。そして，知らないこと，できないことを教えるのが教師の役目です。

「ああ，そうか，わかってなかったんだね」「ああ，他に方法が思いつかなかったんだね」

そう考えてみると，私たちにもできることはたくさんあるはずです。

⭐ それは怒ることじゃないよ

周りから見ると，そんな理不尽なことで怒らなくても……という場面に出くわします。

そういうときも本人は大真面目に怒っています。そもそも考えがずれていたり，見えていなかったり，思い違いをしていたりすることがあります。まだ７歳か８歳の子どもです。そんなの当たり前です。だからこそ，なぜかを聞き取りつつ，周りの状況や感情を伝えていきます。

ただ，大人の言葉が届かないことがあります。そして，言葉よりも図やイラストの方が伝わりやすいことがあります。また，人の感情を理解しづらいこともあります。

言葉で整理していくと同時に，できるだけ簡潔に図やイラストでその子の感情やできごと，周りの状況や感情を整理していきます。それと同時に，そのトラブルの先にどんな未来が待っているかも，その子に問いかけながら予想させていきます。そうやってちょっと先のことを想像する練習もしていくのです。そのうえで，「どこが変だったかなあ」と本人に聞いてみます。そうやって，初めて「わかる」ことが結構あります。

大切にしたいのは，解決はオープンにしていくこと。周りの子もそういう状況を一緒に考えながら，「ああ，この子はこう感じていたんだな」とか，「こう考えるんだな」とか，その子の不得意なことも含めて，情報を開示していくことで，周りの理解が進んでトラブルが減っていくことも多いと感じます。

⭐ 言葉を教えるとトラブルは減る

暴言や暴力に訴えてしまうと，それがトラブルにつながっていきます。

もし，その子が困ったときに使える言葉を暴言しか知らなかったら？

もし，その子が困ったときに解決できる方法を暴力しか知らなかったら？

そういう場合は教師が思っているより多いと思います。

だから，「今，困っているんだね」「今，わからなくてイライラしているんだね」「本当は，ごめんって言いたいんだね」「ちょっと待ってくれるって言いたかったんだね」「僕も欲しいからじゃんけんしようって言えばよかったんだね」と子どもの気持ちを翻訳しながら，具体的な「言葉」として教えます。場合によっては，「練習してみようか」と一緒に練習してみるとよいかもしれません。時には教師の言動がモデルになる場合もあります。

さらに，一つ子どもたちに教えてほしい言葉があります。

「まあ，いっか」

物事の捉え方も変える魔法の言葉です。

□トラブルを起こしている子が一番困っているかもしれないと考える

「じゃあ，どうしたらいいのか」を教師も自分事として考えることで，解決に向かいます。

□子どもと一緒にトラブルを分析する

どうしてそうなったかを一緒に考える経験は，周りの子どもたちの理解を進めていきます。

□自分の困り感を伝える適切な言葉を教える

「まあ，いっか」は魔法の言葉です。

第3章　小学2年の学級づくり＆授業づくり　12か月の仕事術　103

保護者電話・連絡帳対応

髙橋　健一

電話対応・連絡帳対応の前提として

　小学校生活を一年間経験してきた子どもたちですが，まだまだ友達とのかかわり方に拙さを残しているのが，２年生であると思います。かかわるからこそトラブルが起こることは必至であり，その経験は，子どもたちの成長のために必要なことでもあります。保護者とは，機会を設けて，トラブルに対する見方・考え方の共通理解が必要となります。

　４月に学級懇談会があるなら，そこでトラブルに対する担任の捉えを保護者に伝えることができるでしょう。また，できるだけ早くに学級通信に載せて，共通理解を図ることもできるでしょう。様々な機会に布石を打ち，トラブルに対する捉え直しを促していきます。保護者の理解を得ることができれば，トラブルを乗り越える環境を整えることができます。

　それでは実際に，どのような見方・考え方を伝えればよいのでしょうか。保護者に伝えること，子どもたちに伝えることに分けて，下記に示します。

〈保護者に伝えること〉
　子どもたち同士のかかわり方は，まだ拙い部分もあります。学校で生活する中で，トラブルが起こることもあるはずです。トラブルが起こると心配になりますし，煩わしく思うこともあるかと思います。トラブルがない方がよいように思うかもしれませんが，トラブルがないと安心していたら実は誰ともかかわることなく一人ぼっちでいたとしたら，どうでしょうか。トラブルが起こるということは，子どもたち同士がかかわり合っている証拠です。トラブルを乗り越える中で，かかわり方を学ぶ機会になると，私は考えています。

〈子どもたちに伝えること〉
　トラブルはあってよいと思います。トラブルになったら，自分たちで話し合って解決できるとよいですね。もし自分たちで解決できそうもないときには，担任の私にいつでも相談してください。一つ一つのトラブルを一緒に乗り越えていきましょう。

⭐ 電話対応・連絡帳対応のポイント

　電話対応や連絡帳対応は，何のためにあるのでしょうか？　それは，子どもを守り育てるために，保護者と学校が連携していくための情報共有の機会なのだと思います。

❶ 事実の確認と丁寧な指導
　何らかのトラブルが起こった場合には，子どもたちが下校するまでに，事実の確認と丁寧な指導を行います。電話対応をするにしても，連絡帳対応をするにしても，子どもが一定の納得をして帰ることが前提となります。

❷ 学校からの先手の連絡
　保護者は，自分の子どもからの偏った情報しか得ることができません。それが不安につながることもあります。偏らず公平な立場からの情報を提供しましょう。子どもが帰宅する前に，学校からの先手の連絡が大切です。

❸ 感謝の気持ちを必ず最初に
　「いつもありがとうございます」──電話対応でも連絡帳対応でも，必ず最初に感謝を伝えることを心がけましょう。保護者と学校は，子どもたちを守り育てるための運命共同体だということを忘れてはなりません。

> □電話対応・連絡帳対応は，子どもを守り育てるために，保護者と学校が連携していくための情報共有の機会なのだと心得る。

⭐ チームとして対応する必要性

　自分で考え，判断して，行動する姿勢は，教師の成長に必要不可欠なものです。若手の先生は，学年主任，生活指導主任，管理職に相談する際に，自分の指導方針をもっていたら素敵だと思います。しかし，それが独りよがりになってはなりません。複雑なトラブルであればあるほど，一人だけで対応することは難しくなります。そんなときには，チームとして対応しましょう。それらの対応を電話と連絡帳で伝えることで，たくさんの先生方が対応していることを知った保護者は，少し安心してくれるのではないでしょうか。

6月 季節を絵本で感じる読み聞かせ

戸来　友美

学級づくりのポイント

★ 季節を感じる絵本を読んでみませんか

　生活科では，実際に外に出て五感で季節を感じる学習があり，自然の変化や様子を低学年の感性で受け止めています。

　絵本にもいろいろな季節が描かれています。実際に感じた季節に加えて，絵本を通してさらに季節感を言葉と絵を使って深めてみるのはいかがでしょうか。

　四季を感じる絵本を季節ごとに紹介します。絵本によって季節の変化を再認識したり，季節によって生活の様子が変わることに気づいたりする手助けになるでしょう。

● 『よつばのおはなし』
（かとうまふみ　作・絵／佼成出版社）

　淡い優しい表紙に，白い帯。その帯には「そのまんまの自分を好きになろう」という言葉がありました。しろつめくさの子どもたちの頭にはみつばが付いていますが，一人だけよつばが付いている子がいます。「みんなと違う」と友達が離れていっても，「わたし，このよつばがすき」と自分らしさを大切にしています。みんなといるときも，一人でいる時間も大切にしようとするその様子から，友達のかかわりについて心が軽くなる子がいるかもしれません。物語の最後のページには，一面のしろつめくさのみつばが描かれています。その中によつばを探す楽しみもあります。

● 『なつのおとずれ』
（かがくいひろし　作・絵／PHP研究所）

　夏といえば何を思い浮かべますか？　自然の様子，生き物，食べ物，行事などいろいろなものが思い浮かぶことでしょう。絵本では，夏の風物詩たちが「よーいドン」の合図で一斉に走り出します。描

かれている走る様子がおもしろくて、見ているだけで思わず笑顔になってしまいます。風物詩たちは、最後に流しそうめんで流され、みんなの元に届けられます。

夏の風物詩たちがいきいきと描かれたとても魅力的な絵本です。

初夏に読んで、それぞれの子どもたちがもつ「夏といえば？」を交流すると、夏のイメージも広がっていき、楽しい時間が生まれるでしょう。

● 『くるしま童話名作選　すずむし』
（久留島武彦 作，黒井健 絵／子どもの未来社）

秋の虫の一つであるすずむし。そのすずむしがタイトルになっていますが、主人公はお宮でお参りに来る人たちが鳴らす鈴です。でも、その鈴はうまく鳴ることができません。そこで、修行に出ました。困難を乗り越えていくうちに、気がつくと美しく「リーン　リーン」と鳴くすずむしになっていました。

鈴がうまく音を出せず悩んだり、修行をがんばろうとしたりする姿を見て、子どもたちは自然と鈴を応援したい気持ちになるでしょう。また、最後のページの虫の絵を見て、「この虫は、何だろう？」と、すずむしへの興味が湧くかもしれません。

● 『サンタさんはどうやってえんとつをおりるの？』
（マック・バーネット 文，ジョン・クラッセン 絵，いちだいづみ 訳／徳間書店）

表紙の背景の黒い夜空に雪が舞い、サンタさんは屋根の上で、煙突をじっと見つめています。子どもたちがもったことがある疑問を楽しい絵本にしています。私は、冬休みに入る最後の日に、サンタさんが登場する絵本を読むことが多いです。この本に出会ったのは夏でしたが、ぜひ読みたいと思いました。

サンタさんは家に入るために、何かに変身したり、すきまや水道から家に入ったりしているかもしれないという想像が絵で表現されています。また、いろいろな道具を駆使して家に入っている様子も描かれていてとても楽しい絵本です。

マック・バーネットとジョン・クラッセンの描いた絵本で日本語訳されているものが何冊もあるので、それらも読み進めていき、「前に聞いたことある名前だ！」「この絵、似ている！」という反応が返ってくるようになると読書の世界も広がっていきます。

| 4月 | 5月 | 6月 | **7・8月** | 9月 | 10月 | 11月 | 12月 | 1月 | 2月 | 3月 |

学級づくりのポイント

7・8月

今月の見通し

1学期のがんばり・成長を見つけ，伝える

近藤　佳織

今月の見通し

学校行事
- 水泳学習の指導体制の確認

学年・学級
- 学習のまとめ，進度の確認
- 学級でのイベントで仲間と過ごす楽しさを（お楽しみ会，七夕集会等）
- 学習の評価，所見の下書きの準備
- 夏休みの生活などの指導
- 学期末事務

家庭との連携
- 個人面談のポイント
- 個人面談の日程づくり
- 個人面談時に伝える内容の準備

他
- 学級の成長，子どもとの関係性の振り返り
- 夏季休業の予定作成

　7月は，1学期の成長を伝え，よい雰囲気で締めくくり，夏休みを迎えられるようにしたいです。そのために，指導すべき学習内容を終え，評価を行い，成長を把握します。

⭐ 学期末までの進度を確認し，見通しをもつ

❶ やることを洗い出し，リストをつくり，見える化する

　夏休みまでにしなければならないことを書き出します。学習については1学期中，あとどの単元やワークテストが残っているか，必要な時数を出し，時数集計に7月分を入れ，自分自身が見通しをもてるようにします。

❷ 通知表の所見作成や成績処理をコツコツ進める

　通知表所見や各教科の評価締め切りを確認し，準備を始めます。もしこれまでの単元で評価

していないもの（生活科のワークシート，図工の作品評価など）があれば今終わらせておきます。仕事はなるべくためないことがコツです。

⭐ 子ども同士のかかわりづくり

　春から大事にしてきた担任との安心感をベースに，学期の後半は子ども同士の関係づくりにより力を入れます。かかわる場や機会を見直す，意図的に設定するなどコミュニケーションをとる時間を意図的に確保します。

　例えば月曜日の朝活動や1時間目の最初に，「おしゃべりタイム」を設定します。お題を出したり，時には写真を提示したりし，それについて隣の人と数分間おしゃべりをするだけです。時間になったら席の前後の人と話すなどメンバーを交代するのもよいでしょう。担任は様子を見て，話が続いている，うなずいて聴いていたなどよかった点を伝え，価値づけます。今の時点での成長，がんばっている点を見つけ，子どもたちに伝えたいです。

　学級としては1学期がんばった会，七夕集会，夏のお楽しみ会などを計画し，みんなで楽しい活動を行い，かかわって楽しい経験を積むことも考えられます。

　また，1学期末は学級としての伸びを振り返るとともに，教師と個々の子どもとの関係ができているかどうかを見直すことにも使いたいです。

　6月から7月に子どもと1対1で教育相談をする学校が多いと思います。気になる子にはこうした場でも愛情や期待を伝え，味方であることを示したいものです。

　教師と子どもの信頼関係は学級の土台です。それができていなければ，どんなに熱を入れて伝えても，考え抜いても教師の言葉そのものが子どもに届きません。関係がよりよいものになれば言葉が届き，荒れにも対応しやすくなります。

⭐ ゆっくり休み，振り返り，少しだけ準備する

　ようやく迎える夏休みです。まずは日々の緊張感から自分を解放し，心身ともに休めましょう。子どもたちの前に笑顔で立ち続けるためにも休養と充電が必要です。

　休んだ後は，少しだけ1学期の経営を振り返りましょう。取り組んだことについて，子どもの成長や変容に効果はあったかを振り返ります。効果があったものは継続を，手立てを変える必要があるものは変化させたり，新たな取り組みを加えたりします。

　また，夏休みにしかできないことをしたり，研修等に出かけたりすることでリフレッシュとパワーアップを図りましょう。そして，目標設定や教材研究，授業準備など2学期の貯金をします。準備し，気持ちの余裕をつくることは，子どもたちを笑顔で迎えることにつながります。

| 4月 | 5月 | 6月 | **7・8月** | 9月 | 10月 | 11月 | 12月 | 1月 | 2月 | 3月 |

7・8月

お楽しみ会①
「お楽しみ会」という名のプロジェクト

北森　恵

⭐ 夏休みの前のプロジェクト

　夏休みが近づくと，子どもたちから「お楽しみ会をしたい」という声が上がるかもしれません。1年生でもお楽しみ会の経験があるでしょうから，楽しいことを夏休み前にして締めくくりたいと思っている子どもは多いです。学級での集会，お祭り，○○大会など，お楽しみ会にもいろいろあります。形は様々ですが，共通するのは「自分たちで進めるプロジェクト」ということです。

⭐ お楽しみ会は「楽しいだけの会」ではない

　お楽しみ会には，4月からこれまでの間に積み重ねてきた経験が生かされます。

〈「お楽しみ会」というプロジェクトへの参画〉
　お楽しみ会は，子どもは参加者の一人でありながら，参画する側でもあります。プログラムの決定，準備，運営などもあり，参加者として楽しむだけではなく，それぞれが役割を果たして初めて成功するプロジェクトです。

〈友達との協働力〉
　プロジェクトは一人では達成できません。出し物を一人で担う場合もあるでしょうが，それはあくまでプログラムの一つです。学級全体で動かすイベントである「お楽しみ会」では，友達と協力する場面，話し合いの場面が多くあります。

〈達成感〉
　これまでの学びや子どもたちの関係性が発揮されたお楽しみ会は，「楽しかった」だけではなく，「やってよかった」「みんなが楽しんでくれてよかった」というような達成感を味わうことができます。そしてその達成感は，「次のお楽しみ会も成功させよう」という思いを生むだけでなく，「がんばればこんな気持ちになるんだ」と他の物事にも波及する効果があります。

★ お楽しみ会までの道のり

　子どもたちが進めるといっても，最初からすべて「はい，どうぞ」だけでは困る子どもが出てきます。必要であれば，ある程度担任がイニシアチブをとり，子どもたちに大まかな道筋をつけてから，任せるとよいでしょう。お楽しみ会までのオーソドックスな道のりを示すと，以下のようになります。

❶ プログラムを決める

　２年生で初めてのお楽しみ会ということもあるかもしれません。ですので，まずは担任からプログラムの案を出しましょう。「係ごとに出し物をしてみよう」「夏休み中にお誕生日を迎える人たちのお祝いもしよう」「４月からのことを写真で振り返ろう」など，担任からの案を伝えたら，あとは子どもたちから「出し物は一つ何分ですか？」という質問が出たり，「８月のお誕生日の人にプレゼントを作りたい」という申し出があったりします。それらを話し合いながら，プログラムを決定します。

❷ 分担を決め，準備をする

　学級活動の時間などで準備の時間を設けたり，休み時間なども使ったりしながら，子どもたちは準備を進めます。時折，進捗状況を確認して，順調に進めているか，困っていることはないか，一部の子に負担がかかっていないかを確認しましょう。

❸ 振り返る

　お楽しみ会が終わったら，全員で振り返りましょう。「すごく楽しかったから，またしたい」という声から，「クイズがおもしろかった。次は〇〇なクイズも出してほしい」というリクエスト，「準備でケンカしちゃったから，今度からそうならないようにしたい」という反省まで，子どもたちからは様々な振り返りが出てきます。それらが，今後のお楽しみ会に生かされていきます。

> □お楽しみ会を「楽しいだけの会」にしない
> 　子どもたちで進めることを前提として準備すると，子どもたちは「自分で決める」という場面が多くなります。担任はただ放置するのではなく，適宜進行状況を見守りましょう。
> □振り返りまでが「お楽しみ会」
> 　やって終わり，ではなく，「次に向けてどうするか」という振り返りも大事にしましょう。そこで出てきた子どもたちの声が，次の活動に生かされていきます。

第3章　小学2年の学級づくり＆授業づくり　12か月の仕事術　111

4月	5月	6月	**7・8月**	9月	10月	11月	12月	1月	2月	3月

学級づくりのポイント

7・8月

多様な子どもたちが心地よく過ごせるための工夫
「普通の子ども」は存在しない

北森　恵

★ 「普通の子ども」は存在しない

　金太郎あめのように，そっくりそのままの性質をもつ子どもはいません。同じ年齢で，同じ学級に在籍していても，子どもはそれぞれ違います。そして，子どものもつ力は，その子どもの中にあるというよりも，置かれた環境や，担任や他の子どもとの関係性の中に存在します。

　例えば，たし算の筆算が苦手だという子どもがいたとします。もしかしたら，その子はざわついた教室では集中できないのかもしれませんし，細かいマス目だとうまく数字が書けないのかもしれません。一人で取り組むのは苦手でも，隣の友達が「この数は十の位がないんだよ」とヒントをくれれば計算に取り組めるかもしれませんし，担任が「すごいね，ここまで書けたんだ。あと少しだよ」と励ましてくれれば最後まで筆算を続けられるかもしれません。

　学習において，一つの方法，一つの解だけで子どもたちをゴールに導こうとするのは，様々な背景をもつ子どもを無視し，担任がつくりあげた「普通の子ども」という目の前に存在しない子どもに向けた授業をするということです。

　クラスにいる子どもたちが，自分で学びを舵取りしていけるように，担任としてできることはたくさんあります。

★ 学習に向かうための三つの力

　子どもが学習に向かうためには，三つのことを知っている必要があります。

　一つ目は，何を学ぶかがわかっていること。

　二つ目は，どのように学び，どのように表現するかがわかっていること。

　三つ目は，やる気を出し，それを維持する方法がわかっていること。

　この三つがわかっていることで，初めて子どもは「受け身」ではなく「主体的に」学びに向かっていきます。ですから，担任としてすべきことは，「どう教えるか」ではなく「どう学ばせるか」を考え，そのために必要なことを提供することです。

⭐ 担任がすべきこと

友達にプレゼントをあげることを例にして，担任のすべきことを説明します。

トレイシー・E・ホール，アン・マイヤー，デイビッド・H・ローズ編，バーンズ亀山静子訳『UDL　学びのユニバーサルデザイン　クラス全員の学びを変える授業アプローチ』東洋館出版社をもとに北森作図

❶ 何を学ぶかを明確に示すこと

友達にプレゼントをあげようと決めたら，そのために使う包装紙，空き箱，プレゼント，リボンなどのツールを用意しますね。学習でも，何を学ぶかがわかると，子どもたちは必要なことは何かと考え，準備し始めるのです。そのために担任は，学習のゴールをはっきり示し，それを子どもたちが理解できるように，手立てを準備しなくてはいけません。

❷ どのように学び，どのように表現するかを示すこと

プレゼントするというゴールがわかれば，包装紙などでプレゼントをラッピングします。箱にプレゼントを入れることから始まり，様々な手順を踏みます。途中で，「テープがずれたから貼り直そう」などと自分の行動を調整します。学習では，達成すべきゴールに向かって，どんな手順で学んでいくかを子どもたちが理解して，「今，ここまできたな」「ここが難しいから，質問してこよう」など時折確認できるような手立てを用意します。

❸ やる気を引き出し，それを維持する方法を用意すること

プレゼントを包みながら，うまく包装紙を折れなかったり，リボンが曲がってしまったりと難しさを感じても，「友達が喜んでくれる」と思えば，やる気を維持することができます。学習でも，困難を感じたときに励ましてくれる友達や担任がいたり，困ったときに使える教材や掲示で不安要素を減らしたりすれば，子どもたちはやる気を失わず，ゴールに向かえるはずです。

【参考文献】
- トレイシー・E・ホール，アン・マイヤー，デイビッド・H・ローズ編，バーンズ亀山静子訳『UDL　学びのユニバーサルデザイン　クラス全員の学びを変える授業アプローチ』東洋館出版社

4月	5月	6月	**7・8**月	9月	10月	11月	12月	1月	2月	3月

7・8月

夏休み前の個人面談

髙橋　健一

⭐ 個人面談の実施目的とは

　4月に学習参観と学級懇談会が行われているならば，保護者との顔合わせは終わっているかと思います。しかし，保護者一人一人とじっくり話ができる機会は，個人面談が初めてになるのではないかと思います。保護者との関係性を築く機会ですので，学校での子どものがんばりをできる限りたくさん伝えましょう。

　私は初任者のとき，子どもの課題について伝えたところ，保護者の方から「去年までは，そんなことはなかった。先生の指導が悪いからではないですか」と言われたことがあります。まったくその通りだと思い，申し訳なさを感じたことは忘れられません。そんなこともあり，基本は子どものがんばりを中心に伝えることが大切だと考えています。

　どうしても課題を伝えなければならないときは，保護者が聞きたがったり，話したがったりしたときです。そのタイミングがなければ，がんばりを伝えるだけで十分です。

⭐ 通知表の所見の代わりとしての個人面談

　読者のみなさんが勤務している学校は，2学期制でしょうか。3学期制でしょうか。また，学期末に通知表を配付しているでしょうか。自治体，学校によって，それぞれかもしれません。最近では，学期末の通知表に所見を書く回数を減らす代わりとして，学習面や生活面について学校での様子を伝える機会としている学校が多いようです。

　保護者の関心事として，学校での学習や生活について詳しく知りたいというものがあります。通知表の評定だけでは伝わらない子どものがんばり，それを可視化する資料を準備することも必要です。成績ソフトを使って，学習でのがんばりをグラフ化したものを提示するなど，客観的な資料を活用する学校もあるようです。

　どのような目的や方法であれ，保護者にとって納得感のある個人面談にすることが大切です。都合をつけて学校に来てくれたのです。保護者の方には，前向きに学校を後にしてほしいです。

⭐ 個人面談の事前準備

　保護者にとって納得感のある個人面談にするためには，4月から7月までにコツコツと材料を集める必要があります。

❶ 子ども一人一人のがんばりのメモ

　子どものがんばりを伝えることが基本ですから，できる限り具体的なエピソードをたくさん集めておくことが必要です。学級の人数にもよりますが，子ども一人一人のがんばりを1週間に一つずつメモしておくという方法もあります。

❷ 夏休み前までの子どもの写真

　「百聞は一見にしかず」という言葉があります。子どものがんばりを伝える際に，写真を見せながら説明すると，保護者により伝わります。4月から写真を撮りためておくことは，個人面談にも役立ちますが，それ以外にも活用できる機会がいくつもあります。

❸ 学習や生活に関する客観的資料

　担任の主観的な捉えは，概ね間違ってはいないと思います。学校生活の中で，子どもと一緒に過ごす時間が多いからです。しかし，成績ソフトなどで明確な基準を設けて集計された資料があると，担任にとっても保護者にとっても納得感のある面談ができると思います。

> □客観的な資料をもとにして，子どものがんばりを中心に伝えることで，保護者との関係性を築く機会となるよう意識する。

⭐ 担任だけではなく友達からも

　自学級では，子どもたち同士の「いいところ探し」に日常的に取り組んでいました。相手のよい言動を見つけ，カードに書いて，渡し合う取組です。その取組は，年間200日程度，継続していました。子どもたちの相手のよさを見る目を養い，関係性を築くことに効果があったと感じています。取り組み始めてから数年間は，渡し合ったカードの行方は，子ども本人のみが知るという状態でしたが，やり続けるうちにカードを台紙に貼って振り返りをするシステムに変更しました。それを個人面談の際に，保護者にも見ていただくようになりました。友達から伝えられるよい言動も，保護者にとってはうれしいものではないかと思います。

学級づくりのポイント

| 4月 | 5月 | 6月 | **7・8月** | 9月 | 10月 | 11月 | 12月 | 1月 | 2月 | 3月 |

7・8月

教師力を高める
充実した夏休みの過ごし方

深井　正道

⭐ 一度立ち止まろう

　夏休みは，一度立ち止まるチャンスです。体も頭も心も休めて，新たな活動への意欲を蓄える期間にしたいですね。あなたが「楽しかった」「おもしろかった」と思って１学期を終えられた場合は，そのままでよいと思います。ぜひ，今のやり方で，楽しく夏休みや２学期を迎えてほしいと思います。

　一方で，「やっと終わった」「疲れた」と思われた方もいるのではないでしょうか。教師は多くの判断（トラブルの対応，学習支援，保護者対応など）が求められます。また，校務分掌や学年事務など，他者から任せられる仕事に追われることもあります。次から次へと迫られる判断や仕事に，やる気が湧かなかったり，精神的に疲れたりすることがあったかもしれません。

　そうした場合，私たちはネガティブ感情だけが先行して，行動が受動的になっている可能性があります。なぜなら，認知と行動の間には，感情のフィルターがあるといわれるからです。

　例えば，子ども同士がトラブルを起こしたとき，「余計なことを，嫌だな」とネガティブ感情だけが先行すると，行動は「怒る」「決めつける」などネガティブなものになってしまいます。すると，問題が解決しなかったり余計にこじらせてしまったりすることがあります。

　しかし，「他者意識を育てるチャンスかも」とポジティブ感情もあわせもつと，行動は「傾聴」「共感」などポジティブなものになります。指導のために時間を費やすなら，教育的効果を上げた方が得です。

　夏休みは，職場から離れる時間が長く，一度立ち止まれるので，主体的な行動を取り戻す機会になると思います。広辞苑によると，主体的とは「ある活動や思考などをなす時，その主体となって働きかけるさま。他のものによって導かれるのでなく，自己の純粋な立場において行うさま」とあります。つまり，他者との関係の中で目的を持ち続けることが大切なのです。

⭐ 夏休み明けの計画を立てよう

　赤坂（2011）は，「学級づくりとは，学級の実態を把握して理想に向かって教育技術を有効

に活用して，導いていくこと」（p.17）と述べます。つまり，学級の実態である「現在地」の把握と，理想とする姿の「目的地」の設定が不可欠だということです。

　現在地の把握には，アンケートや成績を見直したり，学年の先生や専科の先生に様子を聞いたりする方法があります。

　また，１学期に子どもたちへよく注意した場面を思い出し，ルールの曖昧さや共有の様子を確認する方法もあります。例えば，「チャイム着席」が守れていなかった場合，「チャイムが鳴り始めたときに席に着いている」と考える子どもと，「チャイムが鳴り終わるまでに席に着けばよい」と考える子どもの両方が学級にいるかもしれません。河村（2007）は，「ルールとは，子どもを管理するための規則ではなく，子どもたちが自分らしく活動するための行動の基準」（p.24）と述べます。夏休み明けは，共通の行動様式を再確認する機会です。

　目的地の設定には，学級目標や学校目標を生かす方法があります。「認め合える学級」「助け合える学級」など，抽象的なものでかまいません。また，目的地に向けた複数の目標設定が必要です。「８割の子どもが自分から挨拶をできるようにする」のように，具体的行動で考えます。１か月に一つの目標を設定し，手立てを考えておきます。例えば，よいモデルを示す，朝の会の挨拶の方法を変えるなどです。

　計画とは，目標・方法・評価を一定期間ごとにつくることです。学級づくりも授業づくりも，月ごとに計画を立てると，夏休み明けに安心して子どもたちを迎えられるのではないでしょうか。

□現在地を把握する
　学級の様子を振り返って，ルールが共有されていない場面はありませんか。
　授業の様子を振り返って，ねらいが曖昧になっていた学習はありませんか。
□目的地を設定する
　学級づくりや授業づくりで，目指す姿はもっていますか。
　月ごとに，具体的行動で目標を立てられましたか。

【引用文献】
● 新村出編『広辞苑 第七版』岩波書店
● 赤坂真二著『スペシャリスト直伝！　学級づくり成功の極意』明治図書
● 河村茂雄・品田笑子・藤村一夫編著『いま子どもたちに育てたい学級ソーシャルスキル　人とかかわり，ともに生きるためのルールやマナー　小学校低学年』図書文化社

学級づくりのポイント

4月　5月　6月　7・8月　**9月**　10月　11月　12月　1月　2月　3月

今月の見通し

休み明け，確認と新しいことの導入でリスタート

近藤　佳織

今月の見通し

学校行事
- 2学期の行事を確認し，見通しをもつ

学年・学級
- 学習規律の見直し
- 2学期のメイン単元，研究授業の準備
- 当番活動の確認
- 係活動を会社活動としてバージョンアップする

家庭との連携
- 登校を渋る子，学習に身が入らない子への対応，保護者との連携

　夏休み明けのこの時期は，子どもに大きな差が生まれる時期です。登校渋りが出始める可能性も高いです。夏休みの充電がうまくいった子，うまくいかなかった子，どちらも表情や言動をよく見て対応していきます。

★ 個々の様子を把握し，認め励ます指導を

　夏休み明けの学校での子どもの様子を確認します。授業では，学習のルール，姿勢，筆箱の中身，下敷きの使用，ノートの文字……。休み時間は，一緒にいる子，遊んでいる場所……およその様子をつかみます。集中できない，気持ちが向かない姿が気になり，「春から指導してきたことなのに」と，思わず叱責したくなることもあるかもしれません。忘れてしまった，わかってはいるけどできない，やる気になれないのかもしれません。
- できている子，できたことを大いに認める

● （できていなくても）やろうとしている姿を取り上げ，励ます

　これらを基本にして徐々に学校生活のペースを取り戻せるよう，指導や言葉かけをしていきます。みんなの前でよい姿を伝えることもありますが，個別に呼んで話す，ノートに花丸を描く，連絡帳や電話で保護者に伝える，毎朝の黒板メッセージや学級だよりに載せるなどして，先生に気づいてもらえていることが次への意欲につながるように工夫したいものです。

★ 子ども同士の関係を広げ，深める

　教師と子どもの関係を土台に子ども同士の関係づくりへと広げます。例えば，帰りの会で仲間とかかわってうれしかったことや友達の素敵な姿を日直が話す「ハッピータイム」や，ポジティブメッセージの交換を行うこともできるでしょう。目的を見据え，取り入れたいことと時間を見定め，子ども同士の関係づくりを充実させていきます。

　授業では，隣同士や班で答えを出す課題を出します。「4画の漢字をできるだけたくさん書きましょう」という課題を最初は個人で考え，途中から班で相談して増やします。班で相談すると一人のときよりたくさん見つかった！という協力の具体的体験，解決体験を増やします。

　算数の習熟の時間は練習問題を提示し，「みんなが問題を解ける」ことをめあてにします。一人で取り組んでもよいし，仲間にヒントをもらってもよいと学び方に幅をもたせ，希望すればかかわって学ぶことができる状況をつくります。授業でもかかわる機会を意図的に設定することで一定のコミュニケーション量を確保します。同時に，かかわるときのルールやマナーにも触れ，質のよいかかわりを増やすことで，仲間と学ぶ楽しさを感じさせたいと考えます。

★ 係活動を会社活動としてバージョンアップしてスタート

　4月に決めた係活動はどのような様子でしょうか。2学期はこれまでの「係活動」を「会社活動」にバージョンアップさせ活発にして自主的な活動ができるようにします。

　まず，「もしあったら楽しいこと，学級がより仲良くなる工夫を行いませんか」と提案します。「毎日するとは限らない」「人を喜ばせるようなこと」という当番活動との違いもあらためて伝えます。子どもが自分の好きなことや得意なことを生かせるよう教師がいくつか例示し，希望を募る形でスタートしてもよいでしょう。○○会社とネーミングを変えたり，メンバーに社長，副社長，部長，主任などと役職名をつけたりすることも新鮮で，楽しいです。

　会社活動を立ち上げたら子どもたちに任せきりでなく，朝活動の時間などを使い活動の計画を立てる，イベントを実行する，振り返る時間を定期的に設定すると軌道にのりやすいです。会社活動を仲間と一緒に行う楽しさや主体的に活動する難しさを味わう体験，関係を築く場にします。

9月 夏休み明けのリスタート

渡邊　克吉

★ 2学期の生活に期待感やわくわく感をもたせる

　夏休み明けの子どもたちの様子は本当に様々です。学校生活を楽しみにしていたという子もいれば，生活リズムの乱れなどから前向きになれない子もいます。少しずつでよいので学校生活のリズムに，体も心も慣らしていくことが大切です。その第一歩として，2学期の学校生活を見通し，期待感やわくわく感をもたせると効果的です。始業式を第二の学級開きと捉え，しっかりと準備をして臨みましょう。以下のような活動が考えられます。

①2学期が何日間あるのかを予想する。
②2学期の行事をスライドで確認する。
③学級目標について再確認する。
④2学期の担任の決意を伝える。

先生からみんなへのやくそく
▶①楽しく，わかりやすく，学びたくなる　じゅぎょうをします。
▶②えがおあふれるクラスにみんなとします。
▶③26人ぜんいんをだいじにします！
2がっきもよろしくおねがいします

　夏休み明けのリスタートとして，特に1日目の学級指導を大切にしましょう。少し手間はかかりますが，スライド資料などを作成し視覚的にも伝わるようにするとより効果的です。

★ 成長を目指した目標づくり

　毎学期の目標を個人で立てて，教室に掲示するといった学級が多いのではないでしょうか。目標を立てることは，リスタートを図る際にとても大切です。目標を立てる際のポイントとして，①今よりも少しがんばればできること，②できるようになったらうれしいこと，③具体的に書くこと（量や回数を入れるなど）を視点として与えると，目標が立てやすくなります。
　また，学級目標を振り返らせ，「学級目標に近づくためにはどうしたらよいのか」といった議題を立てて話し合う活動も大切です。いつも学級目標を意識しながら生活しようとする態度が身につくと，学級集団としてまとまりが生まれ，様々な活動により一層意欲的に取り組むことができるようになります。

⭐ 子ども同士の関係づくりを進めよう

　夏休み明けは関係づくりの絶好のチャンスです。久しぶりに会う友達とふれあいながら，友達のことをさらに深く知ったり，一緒に活動する楽しさを味わったりと，友達との輪を深められるような取り組みを行いましょう。以下，おすすめの活動を紹介します。

❶ アドジャンで夏休みの思い出トーク

　アドジャンは，①じゃんけんの要領で０〜５のいずれかの数を指で出す，②出た指の数をたし算する，③たし算した答えの数字（２けたになった場合は一の位の数）のお題について順番に話をするという活動です。10個のお題を作成しておきます。ペアやグループで取り組むことで，お互いのことをよく知ることができます。３〜５分程度取り組んだ後に，気になったことを質問し合う時間をとるとさらに深まります。

〈夏休み明けアドジャンのテーマ例〉

１．夏休みに楽しかったこと　　２．夏休みに食べたもの　　３．夏休みに行った場所
４．夏休みのビッグニュース　　５．夏休みにおどろいたこと　　６．夏休みに大変だったこと
７．夏休みの宿題はいつ終わった？　　８．夏休みに読んだおすすめの本
９．２学期にがんばりたいこと　　10．２学期に楽しみなこと

　アドジャンを初めて行う場合は，教師がお手本を見せるなどして活動のイメージをもたせることがポイントです。また，答えにくいお題はパスをして OK といったルールや一言でも OK といった声かけをすることで，全員が安心して取り組むことができます。

❷ じゃんけんゲームで交流しよう

　リスタートを図るうえで，友達とみんなで楽しく活動する経験がとても大切です。学校が楽しいと感じられるような活動を繰り返し行うとよいです。短時間でできるミニレクとして，じゃんけんゲームがおすすめです。シンプルですがみんなで盛り上がることができる点がじゃんけんゲームのよさです。２年生では「じゃんけんチャンピオン」「あいこじゃんけん」「負けるが勝ちじゃんけん」などのシンプルなルールのものが盛り上がります。また，ひと工夫加えて「ギョウザじゃんけん」などもおすすめです。様々なバリエーションで行うことができます。

〈ギョウザじゃんけんのやり方〉

３人でじゃんけんをして，グー（肉），チョキ（ニラ），パー（皮）の全部がそろえば１ポイントゲット。３人組を交代しながら，ポイントが多かった人が勝ち。

【参考文献】
● 中村健一著『ゲームはやっぱり定番が面白い！ジャンケンもう一工夫 BEST55＋α』黎明書房
● 曽山和彦著『超多忙でも実践できる！スリンプル（スリム＆シンプル）・プログラム』ほんの森出版

第3章　小学2年の学級づくり＆授業づくり　12か月の仕事術　121

学級づくりのポイント

9月 公開研究授業の乗り越え方

岡田　順子

★ 公開授業で見せたい姿

　今まで多くの公開授業を参観したり自分が行ったりする中で，公開授業の考え方は大きく二つあると感じていました。
①提案性のある，普段とは違った授業を公開する
②普段通りの授業で子どもたちのよりよい姿を公開する
　私は公開授業のときだけ特別なことをしてもうまくいかないので，どちらかといえば②の考えをもっていました。参観日などに急に掲示が増えたり板書が凝っていたりすると，子どもに「先生，いつもと違うね！」と言われ，なんだか白々しいなあと思っていたからです。
　このことを他の先生と話したとき，ある研究熱心な先輩が言いました。「公開授業が楽になる方法はね，普段から公開授業と同じような特別な授業をしていればいいんだよ」
　まったくその通りだと思いました。公開授業だけ特別と思うから「白々しい」のであって，見せたい姿は普段から育てておけばよいのです。毎日特別な授業をすると聞くと，「ハードルが高いなあ」と思うかもしれませんが，なにも突飛なことをするということではありません。以下のようなことを意識して公開前の１か月に準備をしてみてください。

★ 「手立て」は子どもたちが使いこなせるようにしておく

　公開授業の指導案には，「本時の手立て」があると思います。その手立ては，教科を問わず普段から使い，子どもたち全員ができるよう力をつけておきます。当日，使い方の説明に時間を割くことがないようにします。

❶ 思考ツールを使う

　考えを広げたり，まとめたりする際，思考ツールを使ったワークシートを使うなら，他教科等で何度かその思考ツールを使う経験をしておきましょう。そうすることで，スムーズに課題と向き合うことができます。

2年生でも使いやすい思考ツールの例

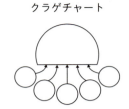
クラゲチャート

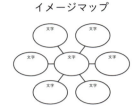
イメージマップ

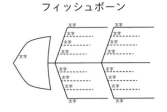
フィッシュボーン

❷ ICTを使う

　タブレットのアプリを使って活動する場合も，何度も経験をし，使いこなせるようにしておきましょう。また，インターネットの状態が悪く予定通りできなかった例もあります。そうなった場合の対応も考えておきましょう。

❸ 話し合い活動を行う

　話し合いのルールや，仲間の意見に対する反応の仕方などを繰り返し指導し，日頃から意見を出し合える学級に育てていきましょう。

★ 驚き，疑問，関心をもてる学習課題で意欲を高める

　手立てに慣れておく一方で，本時の学習課題や学習内容は，新鮮なものでなければいけません。間違っても，公開授業がうまくいくように，事前に同じ授業の練習をしておいてはいけません。子どもは正直で，「不思議だな」「どうしてだろう」「確かめたい」「やってみたい」と本当に思わなければ，意欲的な姿は出てこないものです。

　指導案を考えるとき，教師がやらせたいことだけに意識を向けず，自学級の子どもたちが「知りたい」「確かめたい」「やってみたい」と思う学習課題になっているかどうか，よく吟味するとよいです。「新たな学習課題を，自分たちの使える方法を駆使して解決する」これが一番うまくいく方法ではないでしょうか。

★ 公開後の協議会を想定する

　協議会では，どんな意見を言われるか，授業者の先生は緊張するものです。でも大丈夫です。「今日の手立ては，子どもたちがスムーズに使っていましたが，普段からやっているんですか」「話し合いがとても活発でしたが，どうやって指導したのですか」このような質問を受けたら，自信をもって「私の学級では，いつもやっています」と答えられるよう，準備をしておけばよいのです。公開授業は1か月前から始まっていると思えば，当日は怖くないのです。

第3章　小学2年の学級づくり＆授業づくり　12か月の仕事術　123

学級づくりのポイント

9月 登校を渋り出した気になるあの子への対応

南 惠介

⭐ 抱え込まない

2年生の登校渋りにはいろいろな要因があります。

特に夏休み明けだからこそ，起こりうる登校渋りも考えられます。

例えば，授業がわからない，教室の雰囲気が嫌だ，学校が苦手，嫌いな行事がある，先生が苦手，みんなと一緒に過ごすのがしんどい，ルールがたくさんあって苦しい，などなど考えればきりがありません。

ただ，学校の中だけでもあれこれ要因は考えられますが，その要因は学校の中だけとは限りません。

例えば，「おうちの人とできるだけ一緒にいたい」と感じる母子分離の問題。

この場合は，おうちでの様子の聞き取りをスタートとして，どのようにしたら少しでもスムーズに学校に行けるようになるのかを考えていくことで，解決に向かっていきます。

母子分離の問題だけでなく，登校渋りについてはいろいろな人が動いた方がよいケースがあります。後述する登校刺激や別室登校なども視野に入れた場合，多くの人と情報共有しつつ，学校全体での対応になることも多いです。家庭の状況によっては，ケース会議などを行って外部機関と連携して対応しなければならないこともあります。

そういういろいろなケースがあることを頭に置いて，一人で抱え込んでしまい解決が困難になる前に，管理職を中心に現状を知ってもらい，協力を求めることを視野に入れて，関わっていくようにしましょう。

⭐ 話を聞く

登校渋りについては，話を聞くことが解決の糸口につながります。

仮に，すぐに学校に来ることができるようになったとしても，その子なりの感じ方や考え方は，教師は知っておいた方がよいと思います。

「何が苦手？」「どういうことをしたくない？」「何の時間が苦手？」，その逆に「何が得

意？」「どういうことがしたい？」「何の時間が楽しい？」と，その子にとってマイナスの面だけではなくプラスの面も聞いておくと学校でできるヒントを得られるだけでなく，後に保護者と話をするときに，役に立つことがあります。

最初に書いた「抱え込まない」ことは，ここでも大切です。

担任の先生以外の教員が話を聞いた方が，情報が得られやすい場合があるからです。

前年度の担任や，兄姉の担任をしていて保護者とつながりがある先生，養護の先生など，より話が聞きやすい先生を頼りにすることも大切です。

一人の教師がすべての子どもや保護者にとって完璧でありえるわけはありません。いろいろな人の力を借りて，少しでもよい結果につなげていけばよいのです。

⭐ 焦る方がよいのか，焦らない方がよいのかを判断する

登校渋りについては，早期の対応が重要だといわれます。

できれば電話連絡だけでなく，家庭訪問を行いましょう。

期間を限定して朝の電話連絡や家庭訪問などを行ってもよいかもしれません。登校渋りがまだ1週間くらいなら，少し焦ってあれこれ動いた方がよいと思います。

ただ，そのときに「話をきちんと聞いてくれる」「自分のことを考えてくれそうだ」「頼りになりそうだ」と子どもや保護者に感じてもらえるように，傾聴を基本として登校刺激を行うようにすることが必要です。

その一方で，登校渋りが長引いてくると，別の視点で考えないといけなくなってきます。

例えば，教室以外の登校ならよいのか，時間をずらせばよいのか，朝の登校刺激がやはり必要なのか，その登校刺激を誰が行うのか。

そもそも「学校に来たい（行かせたい）」と考えているのか。

そういうことを整理しながら考えて，少しずつ実行に移していくことも必要になります。

この場合も，子どもや保護者，教職員との対話と合意形成が大切になってきます。

□登校渋りの問題は，抱え込まないでいろいろな人と一緒に考える

　他の人の力を借りることを考えつつ，情報開示をしていきましょう。

□話を聞くことを優先しながら，登校渋りの原因を探る

　傾聴が基本姿勢で，そのうえでの登校刺激が効果を表します。

□短期的な対応と，長期的な対応を分けて考える

　短期的には登校刺激をできるだけ早く与え，長期的には学校全体で対応することも視野に入れながら考えましょう。

第3章　小学2年の学級づくり＆授業づくり　12か月の仕事術　125

| 4月 | 5月 | 6月 | 7・8月 | 9月 | **10月** | 11月 | 12月 | 1月 | 2月 | 3月 |

学級づくりのポイント

10月

今月の見通し

学校行事を通して
満足感，成功体験を味わわせる

近藤　佳織

今月の見通し

学校行事
- 遠足，持久走記録会などに向けた計画

学年・学級
- 行事の計画，練習の実施
- 九九の学習
- 町探検（2回目）の準備，実施

家庭との連携
- 気になる子が活躍できる場を
- 行事で配慮の必要な子への事前相談と対応

他
- 時間割変更に伴い，特別支援学級，入教の先生方への連絡

　2学期は学習の中間まとめとしての発表会や遠足，持久走記録会と行事が多く，保護者に成長やがんばりを見ていただくのにいい機会です。学校行事では，子どもに「みんなで何かすると楽しい」「自分たちはうまくできた」という満足感や成功体験を味わわせたいと考えます。

★ 行事に向けて意図的にプラスの声かけを

❶ 忙しい時期こそ，子どもへの声が届くかを見直す

　この時期の担任は，大きな行事の計画，事前打ち合わせ，練習計画に大忙し。加えて秋に研究授業を行う場合はその準備も同時並行で進めていくことになります。忙しいときは余裕がなくなり子どもに向ける目が厳しく，かける声が注意だけになりがちです。今，担任として自分の声が子どもに届くかを確認します。どんな態度で聴いているか，意欲はどうかなどをチェックし，気になる場合は注意する前にプラスのかかわりを意図的に増やします。

例えば，持久走練習では順位だけでなく，練習時のタイムに注目し，歩かなかったなど個人の進歩や努力に注目した声をかけます。行事による時間変更が続き，日常との違いに弱い子もいます。その子なりの努力を見つけて，わかってあげたいものです。

❷ トラブルは事実を確認し，どうしたいかを考えさせる

忙しい時期ほど子ども同士のトラブルが起こるもの。トラブルはかかわりが増えた証拠と考え，まずは事実確認です。学年の協力を得て関係児童から同時に別々に事実を聞き取り，つき合わせます。矛盾や不明な点があれば指摘し，確認しながら一致させます。ホワイトボードなどに書き，共有するとよいです。事実確認後，「それでどうしたい？」「どうしてほしい？」と本人に考えさせます。見えるようにした事実を一緒に確認すると落ち着いて振り返ることができる子が多いです。「叩いたことは謝ってほしい」「遠足のとき，言いすぎたから謝りたい」など自分の気持ちを言えればそれを実行する場に立ち会います。

双方に原因がある場合は両成敗として閉じますが，ケガや物が壊れた場合は「理由も気持ちもわかったけれど，ケガをさせた〇〇さんの行動はいけない」という点を指摘し，双方の保護者に連絡を入れ，事実と学校での指導内容を伝えます。深刻度によりますが，解決に向けて自分でやってみる姿勢を促すように向き合い，トラブルを通してどうすればよかったか，かかわり方を学べるようにしたいと考えます。

★ 行事の目的を共有し，取り組み過程にひと工夫を

実施する学校行事は何のために行うのか，ねらいを確認し，子どもに目的を伝えます。10月の遠足や持久走記録会などは，何のために長い距離を歩いたり，苦しい思いをして走ったりするのかを問い，考えさせたいです。その後，遠足当日や持久走練習においてどんな姿で取り組むとよいか，行事が終わった後にどんな自分になりたいかを子どもの言葉で引き出せたらなおよいと思います。

行事の際にはカードを作成し，めあてを立て，行動を意識させる学級も多いでしょう。遠足では，集団行動や最後まで歩き通すことをふまえ，「励ます」ことなどの遠足のねらいにつながるよう，個人のめあてに加え，行動班や他者を意識しためあても決めるなどが考えられます。

また，個人に加え学級でもめあてを立て，集団達成を目指すこともできます。持久走では，練習で走った周回数分，カードに色をぬります。個人でぬった数を学級で合わせて「みんなで1000周達成」「県庁所在地まで行く」など，掲示物を使い，個々のがんばりを合わせると大きな結果になるという協力体験にも活用できます。

行事をただ実施するのではなく，行事の目的を知り，その子なりに主体的にできるよう参加度を上げるひと工夫を心がけたいです。

第3章　小学2年の学級づくり＆授業づくり　12か月の仕事術　**127**

| 4月 | 5月 | 6月 | 7・8月 | 9月 | **10月** | 11月 | 12月 | 1月 | 2月 | 3月 |

10月 遠足

岡田　順子

★ 楽しく達成感のある行事にする

　遠足といっても，学校によってやり方は様々です。私が過去に勤めてきた学校でも，お弁当を持ってハイキングへ行くような遠足から，バスに乗って水族館等へ見学に行くバス遠足，あるいは全校縦割り班で異学年と行く児童会行事の遠足など様々な形がありました。

　どんな遠足にせよ，集団で遠くに出かけるということは変わりません。ですから，どんな形の遠足であっても，次の二つのことを意識して行きます。

　● 仲間と協力して楽しい時間を過ごすこと

　● ルールを守り，最後までみんなと一緒に行ってくること

　集団で行動するということは，家族旅行とは大きく違います。家族旅行なら，疲れたら休憩してコンビニに寄ったり，トイレに行きたくなったら途中停車したり，予定より遅れたり，予定が変更になったりしても大丈夫です。

　しかし，集団となると，それぞれが自分勝手に動いたら行動できません。楽しい遠足は，全員が少しずつがんばったり譲り合ったりすることで達成されるのです。ですから遠足は，みんなで楽しく過ごすための行動を学ぶ絶好のチャンスです。

★ みんなで楽しむ計画は事前に立てる

　10年以上前，2年生と遠足に行ったとき，広い公園で「することがない。遊ぶものがないから遊べない」と言われ，衝撃を受けました。確かに広場には遊具もゲームもありませんでしたが，子どもたちは鬼ごっこでもどんぐり拾いでも陣取りでも，好きなように遊ぶだろうと想定していた教師側の誤算でした。

　個人で遊びの道具を持っている時代です。集団遊びや集団で楽しむ行動は，事前の計画が必須だと思い知ったできごとでした。事前に遠足のしおりを作り，グループごとに遊びの計画を

立てておけるとよいですね。

⭐ 事前指導とめあて決め

出発式では，全校児童に対してこんな話をしました。

> 今日は，みなさんが「楽しかった！」と，いい顔で戻ってこれるといいなと思います。誰かが嫌な思いをしたり，大きなケガをしたりしたら，いい顔で帰ってこれませんね。みんなが楽しくなるには，全員が少しずつがんばって，疲れても歩いたり，自分勝手をしなかったり，友達のやりたいことを聞いたり，大丈夫って心配してあげたりすることが大事です。全員の少しのがんばりが集まって，大きな「楽しい」になるんです。楽しい遠足にすることができたら，みんなはすごく成長します。先生はそれを楽しみにしています。

　一日，めあてを意識して過ごしてほしかったからです。めあてを意識しないまま遠足に行っても，ただ「楽しかった」「疲れた」で終わってしまうからです。
　事前指導では，一人一人のめあてを決め，書いておきます。例えば，
- いつもすぐあきらめそうになるから，あきらめないで最後まで歩く
- 友達にたくさん話しかけたり，遊びに誘ったりする
- グループの人と「大丈夫」「がんばろう」と励まし合う

などです。2年生なりに，みんなが楽しく過ごせるための行動を考えるようにしましょう。それが意識できたら，子どもたちは本当に成長します。

⭐ 振り返りをする

　めあてを立てて活動したら，絶対に忘れてはならないのが振り返りです。これをしないと，せっかく立てためあての効果はほとんどなくなるといっても過言ではありません。
　振り返りには，
- 自分の行動を振り返り，成果や成長を自覚する
- 教師の価値づけを受け取り，次への意欲とする

という意味があると思います。
　「いつもより友達に自分から話しかけることができたから，みんなで楽しく遊べた」
　「あきらめないで歩いたから，心も体も強くなって，これから他のこともがんばれそうだ」
　こうした自覚化が，よい行動の定着には欠かせません。振り返りまでしっかりと行うことで，楽しさをつくりだせた達成感を今後の学校生活にも生かせるようになります。

| 4月 | 5月 | 6月 | 7・8月 | 9月 | **10月** | 11月 | 12月 | 1月 | 2月 | 3月 |

学級づくりのポイント

10月

友達と関わらない
気になるあの子への対応

南　惠介

⭐ 大きなお世話

　学校の先生からすると「みんな仲良く」と考えていることが多いのですが，「その時点」では，一人がいいと感じている子がいるのも事実です。

　それなのに，「みんなと仲良くしなさい」「友達と関わりなさい」と面と向かって言われたり，それを態度に表されたりすると，どんどん友達と関わるのが嫌になっていくか，自分はダメだと考えて自信を失い，より人と関わることを避ける子になっていきます。

　なぜなら，それは「できない自分」を突きつけられていることに等しいからなのです。

　そう子どもが捉えているときに，「友達と関わるといいことあるよ」と伝えるのはその子にとって「大きなお世話」であることを知っておきましょう。

⭐ 「余裕がある子」を頼りにする

　基本的に「一人がいい」，あるいは「仲の良い友達数人とだけ，付き合いたい」と考える子は低学年にも一定数います。そういう子は，ある意味では余裕がありません。余裕がないから，人間関係の輪を広げることが難しいのです。

　その一方で，人間関係で余裕がある子がいます。いろんな子に関わることが好きな子です。そういう子を頼りにすることで，友達との関わりが少ない子が友達関係を広げていくきっかけになることはしばしばあります。

　「○○くん，一人でいることが多いんだけど，ちょっと遊びに誘ってみてくれない？」

　余裕がありそうで，実はない子もいます。そういう場合はまた別の子を頼りにしてみるとよいかもしれません。きっかけがなく，一人や少人数でいる子もいますから，そういう子を頼ってみるとうまくいくこともあります。

　大事なのは，お互いに無理をしないこと，させないこと。

　友達と関わるのは義務ではありませんし，義務化した時点で後々いろいろと問題が起こってくることもあります。無理なく，かつ余裕がありそうな周りの子を頼ってみるのです。

それでも一人でいることを選択しているなら，その子はそういう子なんだなと周りの子が許容していく雰囲気をつくることは，必ずしも悪いことではありません。

⭐ トラブルを抱えていないか

何かトラブルを抱えていることで友達と関わらない場合があります。

例えば「いじめ」「仲違い」。授業中には見えづらいそれらを見取るのは，やはり休み時間です。休み時間のその子とその子を取り巻く様子を観察してみましょう。

もし，「いじめ」や「仲違い」が疑われるようなら，まずアプローチする先はその子ではなく周りの子です。

⭐ それでも，グッとひと押しする

嫌がられても先生が関わることができるのは低学年までです。

きっかけを失ったり，自分に合う場がわからなかったりして，結果的に一人でいる子がいる場合もあります。そういうときは，先生が「○○くん，一緒にサッカーしようぜ」「○○くん，あっちでトランプしてるから先生と一緒にまざろうぜ」などと声をかけていきます。

そうやって，あれこれ試しているうちにふと，みんなの中で大笑いしているあの子の姿を見ることもあります。

また，授業でグループでの活動を意図的に仕組むことがきっかけとなることもあります。

「促す」「一緒に友達の輪に入ってみる」「『場』を用意する」

冒頭で「大きなお世話」と書きましたが，それをわかったうえで，それでもなお教師がグッとひと押ししてみる価値はあります。

□本当に「一人でいたい子」「一人でいたいとき」はある

　その子の願いと一致していないことを，教師は知り，それを尊重することも大切です。

□余裕がある子を頼りにする

　人間関係に余裕がある子を頼りにすることで状況が変わることがあります。

□いじめやトラブルを疑う

　一人でいることの背景にいじめやトラブルが潜んでいることがあります。

□教師がグッとひと押しすることの価値はある

　一緒に遊んだり，場を用意したり，促したりするなど教師だからできることがあります。

第3章　小学2年の学級づくり&授業づくり　12か月の仕事術　131

学級づくりのポイント

4月　5月　6月　7・8月　9月　**10月**　11月　12月　1月　2月　3月

10月

お話を楽しむ秋の読み聞かせ

戸来　友美

★ 読書の秋です

　学校では，秋に読書週間などを設定しているところが多いと思います。ふだんは時間がとりにくい読み聞かせも，読書週間であれば始めやすいのではないでしょうか。

　選んだ本を読むと子どもたちは，感想を口々に言い出します。そのときは少しそっとしておいて，思いを共有する場とすることもおすすめします。あえてその時間を設ける必要はありませんが，自然に口から出た感想を共有する時間があることで，読書の楽しさが広がり，学級全体に穏やかな時間を生み出すことがあります。

　また，読み聞かせをした後には，ぜひ教室に読んだ本を置いてください。きっと，手に取って自分で読み始める子どもがいるでしょう。ストーリーが楽しめて，子どもたちがその世界に入り込んで自分なりの思いをもつ絵本を3冊紹介します。

●『ぼくはなきました』
（くすのきしげのり 作，石井聖岳 絵／東洋館出版社）

　お話のぼくは，友達のいいところはたくさん思い浮かぶのに，自分のいいところは見つけられず，「自分のいいところをみつけましょう。」という課題のプリントが書けません。だんだんと泣きそうになりましたが，先生がいいところを書いてくれた紙を渡してくれたことでうれしくなりました。

　題名は「ぼくはなきました」ですが，これはうれし泣きだったのです。学校では「自分のいいところを見つけましょう」と声をかけることがあります。でも，登場人物のぼくのような思いになっている子がいるかもしれません。自分にはいいところなんてないと思っている子に「あなたのいいところ」を伝えられる目をもつ教師でいたいと思わされる一冊です。子どもたちは，泣いてしまった子に共感したり，その子の様子から自分のありたい姿を考えたりするのではないかと思います。

● 『こくん』
　（村中李衣 作，石川えりこ 絵／童心社）

　このお話は病院の病室から始まります。明日退院するちさとさんが主人公です。「こくん」は，ちさとさんが一人でがんばろうとする合図です。ちさとさんは歩行器を使って，大好きな幼稚園に戻ってきます。階段を登るのが難しいので，友達が助けようとする中で，しゅんくんだけが，見守ろうと声をかけます。

　園庭にある滑り台に登るとき，ちさとさんは歩行器を使わずに腹ばいで登り始めます。しゅんくんも，その様子を励ましながら見守ります。ちさとさんの顔に強い意志が表れています。最後には，しゅんくんとちさとさんは滑り台を楽しむことができました。

　この絵本からは，子どもたちだけでなく大人にも勇気と挑戦の大切さを伝えられる力強さを感じます。特に困難に直面したとき，乗り越えるための力や意志の強さのすばらしさを感じさせる一冊です。

● 『ひみつのカレーライス』
　（井上荒野 作，田中清代 絵／アリス館）

　「秘密」という言葉を聞くと，子どもたちはなんとなくわくわくします。このお話の秘密は「カレーの種」にあります。

　ある日，フミオくんの家族でカレーを食べていると，フミオくんは口の中に黒いカレーの種を見つけました。その種を庭に埋め，お父さんとお母さんが本で調べた呪文と踊りをすると，カレーの木がぐんぐん育ち，その木にはカレーの実やライスの実がなります。踊りの表現やカレーの育ち方がおもしろく，育った実を開けるとできあがったカレーが入っているのがユーモアがあり，さらにとても美味しそうです。

　メニューがカレーライスの日の給食の前に読むと，いつものカレーより美味しく感じられそうです。この絵本を読むことで，カレーづくりへの興味や楽しみにつながる子もいるでしょう。

4月	5月	6月	7・8月	9月	10月	**11月**	12月	1月	2月	3月

学級づくりのポイント

11月

今月の見通し

日々の予防で
危機の時期を乗りきる

近藤　佳織

今月の見通し

学校行事
- 音楽発表会，学習発表会，児童会祭りの計画，準備

学年・学級
- 人間関係の把握
- 席替えの配慮

家庭との連携
- 気になる子が活躍できる場を
- 文化的行事の発表等で配慮の必要な子への事前相談と対応

他
- 時間割変更に伴い，特別支援学級，出張授業担当の先生方への連絡
- 学期末事務のための準備を開始

どんな組織でも常に順風満帆とは限りません。学級も同じで，崩れたり危うくなったりすることは起こりうるものだという覚悟をもっておきます。担任には何ができるでしょうか。

⭐ 危機の時期を乗りきる日々の予防と具体例

学級の崩れや雰囲気の変化を感じる危機的時期。危機の要因は次のことが考えられます。
- **大きな学校行事がいくつか終わり，脱力する**
- **授業研究や研究会等に追われ，子どもの今に目が向かなくなる**
- **1学期から起こっていた関係のもつれが表面化したりトラブルが大きくなったりする**

病気と同様，症状（荒れ）が進んでしまうと回復するまでには，治療（対応）に時間もエネルギーもかなりかかります。「治療」を最小限にするために「予防」の視点をもち，日常的に予防策を講じることが大事だと考えます。

❶ 子どもの認知を知り，声を聴く

学級生活満足度調査（Q-Uアンケート）等から学級集団の凝集性や子どもの認知を把握します。低学年の集団に関するアンケート結果の客観性は他学年に比べ解釈が分かれるかもしれませんが，複数回とることで結果の比較やその時期の個人の認知を把握することには使えると考えます。

学級生活満足度の結果から自分の力不足に落ち込むのではなく，子どもと担任の認知のずれを知ることをねらいにするとよいです。分析と対応は一人で考えるより，学年の職員で，2学期後半の方向性や策を検討できるとよいと思います。

1学期同様，アンケート実施後はすべての子どもと個別に話をする教育相談を行い，困り感を把握します。学習に困難さを抱え，意欲をなくしている子がいれば，自分の話が抽象的で2年生に難しすぎないか，課題提示や指示はわかりやすいかを見直し改善します。

❷ 個々の子どもの様子を見てかかわり方を見直す

休み時間に一人で過ごしている子，授業の交流場面でポツンとしている子など，気になる子についてはどの授業やどの場面で仲間とかかわれそうか，活躍でき自信がもてそうかを構想し改善します。

担任と子どものかかわりについても，自分から話しかけてくる子もいれば，なかなか声を発しない子もいます。朝の挨拶時，連絡帳チェックの際，ノートへのコメントなど様々な機会を活用し，一対一でかかわる時間をとれているか（とろうとしているか）を振り返ります。

授業での担任のかかわり，対応は子どもの手本です。担任の温かいかかわりが子どもの温かいかかわりを生むといっても過言ではありません。忙しい時期こそ意識的に子どもとかかわること，声をかけること，自分のかかわり方を振り返り見直すことが荒れの予防につながります。

❸ 目標設定を見直し，時にはシフトチェンジを

白松（2017）は学級経営の三領域を，学級の温かさをつくる「必然的領域」，学級において子どものできることを増やす「計画的領域」，共に学級を創る「偶発的領域」としました。計画的領域と偶発的領域は年間の学級の育ちにより比重を変えていきます。

この時期，自分と子どもたちとの関係がしっくりこない場合，「計画的領域」である，手順の見える化，指導・援助が子どもに合っていないのかもしれません。子どもをここまで育てたいという理想をもちながら，目の前の子どもの実態に合わせて目標設定の時期やレベルを再考する，手立てを見直す，変えることもこの時期の対応の一つと考えます。

【参考文献】
● 白松賢著『学級経営の教科書』東洋館出版社

| 4月 | 5月 | 6月 | 7·8月 | 9月 | 10月 | **11月** | 12月 | 1月 | 2月 | 3月 |

11月

学習発表会

岡田　順子

⭐ 教師の準備は演出を考えること

　2年生は，前年度の発表会を見ているので，学習発表会をイメージできるのが強みです。1年生のときよりも，もっとこんな発表をしたい，と願いを高めてくるでしょう。

　小道具も大好きな年齢です。衣装やお面，ちょっとしたおそろいのグッズなど，子どもたちのやる気が高まる演出を用意し，やる気を後押ししてください。もちろん，一番子どもたちを盛り上げるのは教師の言葉です。「かっこいい発表で家の人を驚かせよう！」「こんなすごい2年生，初めてだよ！」などの言葉が子どもたちを盛り上げます。

　全力になれるのも2年生のいいところです。演劇でも，合奏でも，合唱でも，大きな声や大きな動き，少し大げさなくらいの表現を求めて大丈夫です。道具を準備し，演出を考えて子どもたちをその気にさせる，その下準備が教師の腕の見せどころです。

⭐ そろえるということ

　「息を合わせて」「心を一つに」など，発表会の練習が始まるとよく耳にしませんか。大勢で何かを発表するときに，タイミングや動き，速さや声をそろえるということが必ず出てきます。実はこの「そろえる」ということは，子どもにとって大きな意味があるのです。

　例えば，荒れているクラスの国語の授業で音読をすると，はじめは全員の速さがまったくそろいません。わざと速く読むような子もいます。バラバラの速さで読み続けます。ところが，学級が落ち着き，友達関係が安定してくると同時に，音読の声がそろうようになるのです。

　これは，「相手を意識する」「人の声をよく聞く」「自分が速さを調整する」ということができるようになったためです。これはなかなか高度なことです。

　特別な支援を要する児童の特性や，その他の要因で，そろえるのが難しい場合を配慮したうえで，実態に応じて「そろえる」指導をしてください。

　一体感が生まれ，一人ではできないことをみんなで達成した喜びが，大きな成長につながった例がたくさんあります。

⭐ 自分たちで評価しながら練習する

　２年生の子どもたちには，教師が指導するだけでなく，動画等で自分たちの姿を見る機会があるとよいです。自分の姿はなかなかイメージできませんが，動画で見ると，声の届き方や動きの見え方がよくわかります。

　動画で見たら，思ったことを発表し合いましょう。「ここがあまりよくなかった」という意見は宝物です。子どもは，よくなかったことに気がついても，どうしたらよくなるのか，具体的な動きは言えません。そこで，具体的にどうしたらよいかを教師がアドバイスしていきます。

　例えば，「ステージに立っているときに，みんながきょろきょろしていた」という意見が出たら，教師は「ステージに立ったら，先生の顔をじっと見ているようにしよう」と言えます。

　そしてうまくいったら，「自分たちで気がついて直したら，すごくかっこよくなったよ！」と，認めることを繰り返します。教師の真似をして，子ども同士でよくなったところを言えるようになったら，子どもたちが「今日よくなったところ」を発表するのもおすすめです。

⭐ 出番を増やす工夫をする

　合奏などのずっと全員が出ている発表ならば問題はありませんが，劇やパネルでの発表の場合は，役割を増やす工夫をします。見ている保護者も，発表する子どもも，出番が少ないと残念に感じるものです。セリフがなくても，役割がある演出の工夫をしましょう。

- 劇で出番がなく待機するときは，ステージ袖ではなく，ステージ下や横の保護者から見える位置に並ぶ。
- 待機している子どもたちで，効果音を入れたり，あいづちを入れたりする。
- 場面によって，大道具係や照明係など，様々な役割で活躍する場をつくる。

⭐ 他学年と感想を交換する

　発表会が終わった後に感想を書くと，自分のことだけでなく，他学年の発表について書く子どもも多いはずです。せっかくですから，他学年の担任と協力し，２年生の発表について書いてある作文をコピーさせてもらいましょう。

　「１年生が，２年生の発表をすごかったって書いているよ」「６年生が２年生の劇を褒めているね」こう言って掲示すれば，自信につながること間違いなしです。

第３章　小学２年の学級づくり＆授業づくり　12か月の仕事術　137

学級づくりのポイント

4月　5月　6月　7・8月　9月　10月　**11月**　12月　1月　2月　3月

11月

レク
人間関係の固定化を防ぐ
レク＆アイスブレイク〜ワードパズル〜

⏱ 15分

ねらい 「みんなが組めたらクリア」というルールをきっかけにして，学級全体に目を向け幅広くかかわりをもつきっかけをつくる。

準備物 ひらがなが書かれたカード

佐橋　慶彦

 どんなレク？

　一人一枚ひらがなが書かれたカードを配付して，仲間を見つけるグルーピングゲームです。「い」「か」のような言葉ができるように仲間を見つけ，グループをつくって座ります。ただしゲームは全員が座ることができたらクリア。そのためなら，一度できたグループを解散することも可能です。自分のことだけでなく，いかに全員のことを考えられるか，固定化された人間関係を越えられるかということがゲームクリアのカギとなります。

 レクの流れ

❶ 今からひらがなが書かれたカードを一人一枚配ります。先生が「スタート」と言ったら，カードを見て，言葉ができるように自分の仲間を探してください。グループができたらその場に座りましょう。

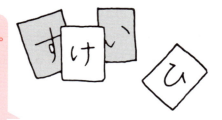

　有名な「猛獣狩り」と同じような“仲間ができたら座る”というルールのグルーピングゲームです。ひらがなのカードは，紙切れにひらがな1文字を書くだけなので簡単に準備することができます。「い」や「う」のような言葉をつくりやすい母音のカードを増やすと難易度が下がり，「ぎ」や「ぱ」などの濁音や半濁音を増やすと難易度が上がるので，学級の実態に合わせて調整します。ルールがわからない子がいないよう例を示して説明するとよいでしょう。

❷ ただし，このゲームのポイントは全員が座れたらクリアというところです。ですから，一度できたグループを解散してもかまいません。

　このゲームの重要なポイントです。「自分が組めるかどうか」ではなく，全員が座ることが

138

できたらクリアなので，座った後にどんな行動をとれるかがカギを握ります。そのため，一度組んだグループを解散できる，解散しないとクリアできないかもしれないことを伝えておきます。また，人が嫌な気持ちになる言葉や，下品な言葉は先に禁止しておくとよいでしょう。

❸ それでは始めます。ゲームスタート！　カードを確認しましょう。

　子どもたちはまず，話しやすい相手の方へ向かっていくはずです。なんとか自分の仲良しの子と言葉をつくろうとしている子もいるでしょう。いろいろな相手とかかわることが苦手な子にとってはこうしたゲームは難しいはずですから，なんとかして座りたいと思うのは自然なことです。

　数分が経過すると，自分たちが組めたことをうれしそうに報告に来る子や，内側を向いて談笑し始めるグループが出てきます。対照的に，グループをつくれずに困っている子も――しかしよく見ると，そのことに気がついて心配している子どももいるはずです。子どもたちがどこに目を向けているかを注視しながら，にこやかな表情で達成するのを待ち続けます。

❹ 見事，クリアです。こんなに早く達成できると思っていなかったのでびっくりしました。ところで先生はこのゲームの間，ずっとみんながどこを見ているかを追っていました。すると，自分が座れてホッとした後でも，まだうまくできていない人を心配そうに見ている人がいることに気がつきました。中には，その人たちのために立ち上がってくれた人もいましたね。その人たちのおかげでゲームをクリアすることができたんだと思います。

　最後に，こうして他者を思いやった行動を価値づけていきます。うまくいった場合は，「これだけたくさんの人が過ごしていると，嫌な気持ちになったり困ったりしている人が必ずいます。そんなときにも今日のように……」と今後の学級での過ごし方につなげるとよいでしょう。

　また，他者を思いやった行動ができなかった場合でも，「最後まで心配そうに見てくれていた子がいました。そんな目がクラスを温かくします」と他者に目を向けることの価値を全体で共有することができます。もし，ゲームが達成できなかったとしても，残ってしまった子が傷つくことがないように「これはとても難しいゲームなので，みんなで声をかけ合いながら，困っている子を見つけないと成功しません。このクラスが終わる最後の3月までにこのゲームがクリアできるようになるといいですね」とこれからの課題として取り上げれば，人間関係を広げるきっかけにしていくことができるでしょう。

| 4月 | 5月 | 6月 | 7・8月 | 9月 | 10月 | **11月** | 12月 | 1月 | 2月 | 3月 |

学級づくりのポイント

11月

いじめかな？
と気になるあの子への対応

南　惠介

⭐ 周囲の理解がなければ，いじめやトラブルは必ず起こる

　学校は同質性が高いところです。多様性，多様性といいながら，その一方で均質性を求める傾向が見られます。

　特性のある子どもたちは，そういう均質性が高くなればなるほど目立つようになります。

　また，「空気を読む」ことで，教室の中を生き抜いている子どもたちは，「空気を読まない（読めない）」子どもたちのことを自分勝手だと捉えるようになります。

　もちろん多様性が担保された学級と違い，均質性の高さが求められる学級では，いじめやトラブルの芽はそこかしこにあると考えた方がよいでしょう。

⭐ 教師が翻訳者になる

　「どうしてあんなことをするのかわからない」

　周りの子どもの視点から見ると，時にでたらめな行動を繰り返す子は異質であり，受け入れ難い子に映っているのかもしれません。

　また，しばしば周囲の子は，「わかってやっている」「わざとやっている」と，自分の視点からその子を評価しています。

　ただ，それは特性のある子の真実を表していません。

　ついつい大きな声を出す。普通なら遠慮して言わない本音を言ってしまう。きょろきょろして，つい周りに話しかけたり，ちょっかいをかけたりする。スキンシップが過剰。友達と関わらない……

　やったらダメなこと，全部，「わかってやっている」と思っています。

　ところが当の本人と話してみると，それが悪いこととわかっていなかったり，自分がそういう行動をしていることに気づいていなかったりします。

　その認識のずれを修正するのは，教師の役目です。まずは，本人を呼んで「○○していたけど，覚えてる？」と聞いてみます。

140

そして、「それは、周りから見たらいいことか、悪いことか」と尋ねると、はたと「ああ、よくなかった」と気づくこともあれば、「何が悪かったんですか？」と言う子もいます。

「じゃあ、次はこうしよう」と、今の行動についてより他者を意識させつつ、適切な行動に変えるヒントを提示します。

そして、上記のような話を他の子どもたちに伝えたうえで次のような話をします。

「みんなも、やろうと思っても、なかなかすぐできないよね。でも、できるようになりたいと思ってたら、だんだんできるようになるよね。だから、そういうときは『こうしたらいいよ』と教えてあげてください」

眼鏡をかけている子が、眼鏡を外してものが見えないことを笑う子はいません。

それは、「眼鏡がない」というはっきりした理由を周りの子がわかっているからです。

「○○くんは、こういうことが苦手なんだな」ということを、教師がその子の行動を分析して、翻訳して伝えていくことで、特性に対する理解を深めていきます。

多様性を担保するのは、知識、つまり「知る」ことだと思います。そして、子どもたちの行動を翻訳し、知識として子どもたちに知らせていくことが大切なのです。

⭐ 教師が多様さを認めるモデルとなっているか

教師自身がその子を「変な子」「困らせる子」というような捉え方をしていないでしょうか。

確かに行動としては、変わったことをしたり、困ることをしたりする頻度は高いかもしれません。ただ、だからといって「その子」そのものを否定したり、馬鹿にしたり、邪険に扱ってよいわけではありません。

もし、教師がそういう言動を行っていたとしたら？　そういう雰囲気を醸し出していたら？

子どもたちも察して同じように行動していくかもしれません。

しかし、その逆に教師自身がその子を理解しようとし、大切に扱っていたら。

そう考えると、教師自身の在り方によって、もしかするといじめが始まったり、いじめがなくなったりすることもあるかもしれないと思うのです。

□周囲の理解を得るために、教師が翻訳者になる

　「なぜそういうことをしているのか」を中心に、その子が困った行動をしていることや気持ちを周囲の子へ翻訳するように伝えていきます。

□教師がモデルとなる

　教師の言動が子どもたちのモデルになっています。よいモデルとなれるよう自分の行動を見つめ直してみましょう。

第3章　小学2年の学級づくり＆授業づくり　12か月の仕事術　**141**

| 4月 | 5月 | 6月 | 7・8月 | 9月 | 10月 | 11月 | **12月** | 1月 | 2月 | 3月 |

12月

今月の見通し

子どもを捉え直し，成長を実感させる

近藤　佳織

今月の見通し

学校行事	家庭との連携
● 教室大清掃の準備，計画	● 個別懇談で成長を伝える

学年・学級

- 生活科…あそびランドに1年生を招待
- 2学期の学級目標達成度の振り返り
- 学期末事務
- お楽しみ会の計画
- 冬休みの課題や生活表の準備

　この時期は，教師との関係ができていれば子どもたちは意欲的に学校生活を送り，仲間意識ができていきます。2学期の大きな行事を終え，学習でも人間関係面でも成長した姿を捉え，懇談や通知表などで具体的に伝えるようにします。

★ 子どもの言動の背景を考え，捉え直す

　落ち着きのない子，立ち歩く子には，「集中して」「座って」と思います。しかし，そうした子は活動的ですぐに動ける，積極的，エネルギーがあると捉えることができます。

　よく「うざい」「きもっ」と口にする子には，「そんな言葉を言わないで」と思います。しかし，暴言の裏には「どう言えばいいか表現がわからない」「本当は，くやしい」「できるようになりたいのに苦しい」ということがあるかもしれないと子どもの言葉の裏，背景を推測することで，他の対応，支援を考えることができます。

担任の考え方，捉えを変えることで，その子にかける言葉が変わったり増えたりします。

★ 学級目標をもとに達成度を振り返る

　学級目標がただの飾りになっていないでしょうか。掲示してある学級目標に対して，今自分たちがどれだけできているかを振り返ります。

　特に「笑顔」「努力」「協力」など抽象的な言葉を学級目標にしている場合，具体的にどんな行動をすれば学級目標を達成した（近づいた）といえるのかを例示し，子どもができたかどうかを判断しやすくする必要があります。

　例えば，「協力」であれば，一緒に手伝った，相談されたときにアイデアを出した，教えた，頼まれたことを快く引き受けたなど，どういう行動が「協力」なのか子どもの発達段階に応じて具体例を出し，共有します。そして，それがどのくらいできているかと今後の課題を確認します。

　学級目標に関連して，目標に向けた取り組みの達成度を日記で振り返り，数値化し，到達度を掲示したこともあります。勤務校では「学級力」アンケートを使い，観点別にしたレーダーチャートで可視化し，振り返りに使用している学級もありました。

　学期末に限らず，1，2か月に一度くらいのスパンでできるとよいと思います。向かうべき目標を定期的に教師と子どもが意識すること，学級目標を意識させる手立てがあるかなどを見直すとよいでしょう。学級目標は，飾っておくだけにせず立ち返る機会をつくるようにします。

★ 学びや成長を見える化・実感させる

　ある年，2学期までに話し合いなどで決めた学級のルールやマナー等を掲示していたところ，壁面のそれらを見て「僕たち，いろんなことを決めてきたね」とつぶやいた子がいました。そうした自分たちの学びや歩みに気づかせることで成長を実感させることもよいでしょう。

　また，学習に関連して，生活科の町探検発表会や，お世話になった方を招き，収穫した野菜を食べるパーティー，作ったおもちゃで遊ぶあそびランドに1年生を招待など相手意識をもたせた活動もできるでしょう。

　さらに，保護者に対しては個別懇談で2学期の成長を教科のノートや写真などを用いて具体的に伝えることで理解を得られ，喜びを分かち合えると考えます。

第3章　小学2年の学級づくり＆授業づくり　12か月の仕事術　143

12月 お楽しみ会②
お楽しみ会をレベルアップ

北森 恵

★ ＋αのお楽しみ会

　以前行ったお楽しみ会の達成感を忘れていなければ，冬休みが近づくと「12月もお楽しみ会しようね」と，にやにや近づいてくる子どもたちがきっといるはずです。
　ただ，以前と同じようなお楽しみ会では，以前の達成感を超えるものにはならないかもしれません。また，12月までに様々な行事や経験を積み重ねてきた子どもたちには，7月よりもさらに力が蓄えられているのではないでしょうか。
　そこで，12月のお楽しみ会は，＋αを付け加えられるとよいですね。

★ まずは，より「子どもに託す」お楽しみ会に

　例えば，7月のお楽しみ会は担任がまずイニシアチブをもっていたとすれば，今回は最初から子どもたちにそれを託します。
　「お楽しみ会をしたいって声が上がっています。みなさん，どうしますか？」と問いかけることから始め，「前は，先生がこうしようって提案しましたよね。でも，今回はみんなにお願いしてみようかな」と子どもたちに振ると，きっと「やるやる！」「自分たちで全部決めよう！」と盛り上がることでしょう。それに対して担任は，「そうくると思ったよ！　みんなならできる！　最高のお楽しみ会にしよう！」と，子どもたちとわくわくを共有しましょう。

★ お楽しみ会までの道のり

　7月には，道筋を担任がある程度つけていましたが，12月は子どもたちに委ねていきましょ

う。道のりは7月と同じですが，子どもたちの動きが変わってきます。

❶ プログラムを決める

「お楽しみ会がしたい」と言い出した子どもたちか，司会に立候補した子どもを司会にして，話し合いをしましょう。学級会の経験にもよりますが，ある程度の司会台本を作っておくと，司会になった子どもたちも安心です。お楽しみ会でしたいことを絞る必要はあまりありません。危険なこと，学校で禁止されていることなどでなければ，最大限実現できるようにしましょう。大事なのは，何をやるかではなく，どうやるかです。

❷ 分担を決め，準備をする

プログラムが決まったら，自分がしたいことを選んで，準備をします。各プログラムを担当する子どもから代表1名を出して，進捗状況を確認する時間をもちましょう。その中で「僕たちも体育館を使いたい」「私たちもその曲を使おうと思ってる」と場所や使用する曲がかぶってしまうことがあります。しかし，担任が「じゃあ，あなたたちがこうして，あなたたちはこうして」と決定権をもたないようにしましょう。「そういうときは，こういう案もあるし，こういうやり方もあるよ」など，解決策の提案にとどめましょう。どうするか選ぶのは子どもたちです。

❸ 振り返る

振り返りも，子どもたちにまずは任せます。担当ごとに振り返りをして，自分たちのがんばりを認め合うようにしましょう。その後，全体で友達のプログラムや仕事ぶりについて発表し合う時間を設けましょう。自分たちの力でできたことに，高揚感と7月以上の達成感があるはずです。そして，担任からも子どもたちに温かなフィードバックをしましょう。

□子どもに託すという＋αを付け加える

　2年生の生活も4分の3が過ぎるころです。それまでに蓄えた様々な力を，子どもたちに試させるお楽しみ会にしましょう。

□託す過程では，担任が出しゃばらない

　子どもたちに託すというのは，「失敗させないように担任があれこれ手も口も出す」ようでは実現しません。託したからには徹底的に見守ることを肝に銘じましょう。

第3章　小学2年の学級づくり＆授業づくり　12か月の仕事術　145

|学級づくりのポイント

4月　5月　6月　7・8月　9月　10月　11月　**12月**　1月　2月　3月

12月 バリアを取り除くマインドセット

北森 恵

★ バリアは学ばせ方にある

　子どもたちの理解は一様ではありません。同じ「わからない」にも，子どもによって様々な背景があります。子どもの学習を妨げるもの＝バリアです。そして，そのバリアは，子ども自身というよりも，学ばせ方にあることが多いのです。私たち担任には，子どもの学習を妨げているバリアは何かを見つけ出し，バリアをなくすための手立てを講じる役割があります。

★ バリアを取り除く手立ての例

　下の板書には，バリアを取り除くための手立てがいくつか表れています。

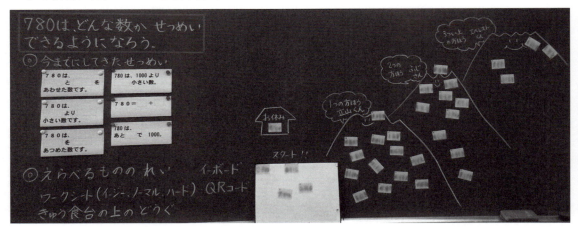

❶「何を学ぶか」のバリアを取り除く

　学習課題は，「～できるようになろう」など，学習のゴールを具体的に示す行動目標にしています。また，「ミニトマトの育て方を，図鑑を読んで調べよう」のように，手法を限定するような言葉も入れないようにしています。限定された方法では学びにくい子どももいるからです。

❷「どのように学び，どのように表現するか」のバリアを取り除く

黒板には，「立山くん（一つの方法），ふじさん（二つの方法），エベレストくん（三つ以上の方法）」とレベルアップしていく道筋を図示してあり，子どもたちはすごろくのようにネームプレートを動かしていきます。それがあることで，気がそれやすい子どもも，「友達に説明しなきゃ」「いろいろな方法を考えよう」と学習に戻ってくることができます。また，使える教材やワークシートも，子どもたちに事前に説明しています。子どもたちは，それらを自由に使って学習を進めます。

❸「やる気を引き出し，それを維持する」のバリアを取り除く

語彙がまだ少ない子どもたちです。言葉がわからないことでやる気を失う子どももいます。そうならないように，この授業で使える既習事項の文例が，子どもたちにわかるように掲示してあります。その言葉を，子どもたちは自由に使って課題に取り組みます。

また，子どもたちは学習するときに，安心して学べる場所を選んでいます。私は子どもたちに，「やる気の出る場所で学ぶこと」と話しています。それが友達の近くであってもよいですし，担任のそばを選ぶ子がいてもよいのです。一人で黙々と学習したい子もいれば，友達と頭をつき合わせて考えたい子もいます。やる気の出し方は，子どもが選べばよいのです。

⭐ バリアは想定している子にだけあるわけではない

バリアというと，「あの子は〇〇が苦手だから，これを用意しよう」「あの子には，〇〇の手立てを勧めよう」と個別に思い浮かべる子どもがいるかもしれません。しかし，我々担任が把握しているバリアだけがすべてなのでしょうか。また，子どもたちの理解は，課題によって，環境によって，その日のコンディションによっても変わります。

ある日の授業では，学習形態を自分で選んで学習していました。子どもたちを見て歩いていると，ある子が私を呼び止めて，「先生，一緒にしよう」と声をかけてきました。学力が高いAさんでした。それまで，「学力が高い子どもは，一人で学習することを望んでいる」と考えていましたが，すべての子どもがそうではないと気づかされました。Aさんが思いを出せたのは，「みんなの安心する場所を選んで学習してごらん」という言葉があったからです。それがなければ，Aさん自身も「一人でやらなければ」という思い込みから抜け出せずにいたでしょう。

子どもに「あなたはこれ」と手立てを指定せず，「手立てはこういうものがあるよ。必要であれば使ってね」と，自分で選ばせることが学びの可能性を広げます。

【参考文献】
- トレイシー・E・ホール，アン・マイヤー，デイビッド・H・ローズ編，バーンズ亀山静子訳『UDL　学びのユニバーサルデザイン　クラス全員の学びを変える授業アプローチ』東洋館出版社

| 4月 | 5月 | 6月 | 7・8月 | 9月 | 10月 | 11月 | **12月** | 1月 | 2月 | 3月 |

学級づくりのポイント

12月

冬休み前の個人面談

高橋　健一

⭐ ２回目の個人面談を実施する目的は何か

　１回目の個人面談は夏休み前の７月に，２回目の個人面談は冬休み前の12月に実施する学校が多いようです。１回目の個人面談は，客観的な資料をもとにして，子どものがんばりを中心に伝えることで，保護者との関係性を築く機会となるよう意識することが大切だということを書きました。それでは，２回目の個人面談では何を大切にすればよいでしょうか。

　１回目の個人面談と違うところは，ある程度の時間を経て，４月から12月までの子どもの変化を見取ってきているので，それを子どもの成長として伝えることができるということです。また，次年度のことも視野に入ってくる時期なので，保護者からの要望も話題に上る可能性があるということです。

　私は，視覚的な資料をもとに４月から12月までの子どもの成長を中心に伝えること，また，保護者の要望をしっかりと聞き，必要があれば次年度に申し送ることが大切だと思っています。

⭐ 保護者が次年度への要望を話してきたとしたら

　２回目の個人面談は，希望制であることが多いようです。希望制ということは，担任に伝えたいことや聞きたいことがあるから，申し込んでいると考えるのが自然ではないでしょうか。それらについての話をしっかりと聞き，これからどう対応していくかを自分が判断できることであれば伝え，安心していただく必要があります。

　しかしながら，学校体制のことや，次年度の学級編制のことなど，次年度についての要望を出してくる保護者もいるでしょう。そのような話に対しては，担任だけで判断することは難しいでしょうから，「自分だけで判断はできませんので，学年主任や管理職と相談します」と，はっきりと伝える必要があるでしょう。

　それらは，次の担任にも申し送るところまでを丁寧に行うことが必要です。申し送りがうまくいかなかったことで，トラブルになっている場面をいくつも見てきました。

⭐ 個人面談の事前準備

　がんばりも伝えますが，成長を伝えるためには，４月から12月までの継続的な見取りをもとにして準備することが必要になります。

❶ 子ども一人一人の成長のメモ

　４月からの学校生活を通して，子ども一人一人を見てきた担任だからこそ伝えられる子どもの成長をメモしておきましょう。がんばりだけではなく成長ということで，４月当初にあった課題を乗り越えてきたことを伝えることもできます。

❷ ４月から12月までの子どもの写真

　子どもの成長のスピードには目を見張るものがあります。４月の写真と12月の写真を見比べるだけでも，視覚的に子どもの成長が保護者の方に伝わることでしょう。それだけでも来てよかったと感じてもらえると思います。

❸ 学習や生活に関する客観的資料

　学習や生活にも，はっきりとは目に見えない子ども一人一人の成長があるはずです。それを何らかの客観的な基準で可視化することが大切です。例えば「通知表の評定は同じＢだけれど，その中身は７月までとは違っていて，こんなに成長しています」のようなことです。

□視覚的な資料をもとに４月から12月までの子どもの成長を中心に伝える。また，保護者の要望をしっかりと聞き，必要があれば次年度に申し送る。

⭐ 時間を守ることが社会人としての常識

　先輩の先生が，お子さんの個人面談のときに体験した「ありえない話」について，教えてくれました。それは，時間を守らない教員の話でした。なんと２時間遅れだったそうです。平成の話ではありますが，ほんの30年前の話だと思うと驚きを隠せません。時間を守ることは社会人としての常識です。しかし，おしゃべり好きな保護者もいます。次の保護者の方を待たせないための工夫としては，入口に「順番の時刻になったらノックをしてください」とお願いの貼り紙をすることです。もしくは，タイマーをセットして，アラームが鳴ったら，「またの機会にお話をしましょう」と言って，面談を終えることです。

第３章　小学２年の学級づくり＆授業づくり　12か月の仕事術　149

縦書き左帯：学級づくりのポイント

4月　5月　6月　7・8月　9月　10月　11月　**12月**　1月　2月　3月

12月

教師力を高める
充実した冬休みの過ごし方

深井　正道

⭐ おしゃべりをしよう

　この書籍を手に取るみなさんは，「学びたい」と思っている方だと思います。長期休業期間は，学びの機会にもして，冬休み明けをわくわくする気持ちで迎えたいですよね。

　私は，学ぶことは，新たな気づきを得ることだと考えています。そこで，「ジョハリの窓」（下図）というモデルを参考にします。左上は，自分も他者も知っている領域です。左下は，自分は知っているが他者が知らない領域。右上は，自分は知らないが他者は知っている領域です。そして，右下の領域は，自分も他者もまだ気づいていない領域です。石川（2015）は，「気づき・学びの大きさや深さは，自己開示とフィードバックの度合いによって決まる」（p.21）と述べます。自己開示とは自分の意見や発言のことであり，フィードバックとは他者からの意見や発言のことです。

　自己開示というと，ハードルが高く感じる方もいらっしゃると思います。そこで，私は「おしゃべり」が大切だと考えます。長期休業中は，時間があるので遠方にいる友人や家族にも会えるチャンスです。つらかったことでも楽しかったことでもかまいません。自分の気持ちを伝えてみましょう。そして，他者からの言葉を聞いてみましょう。

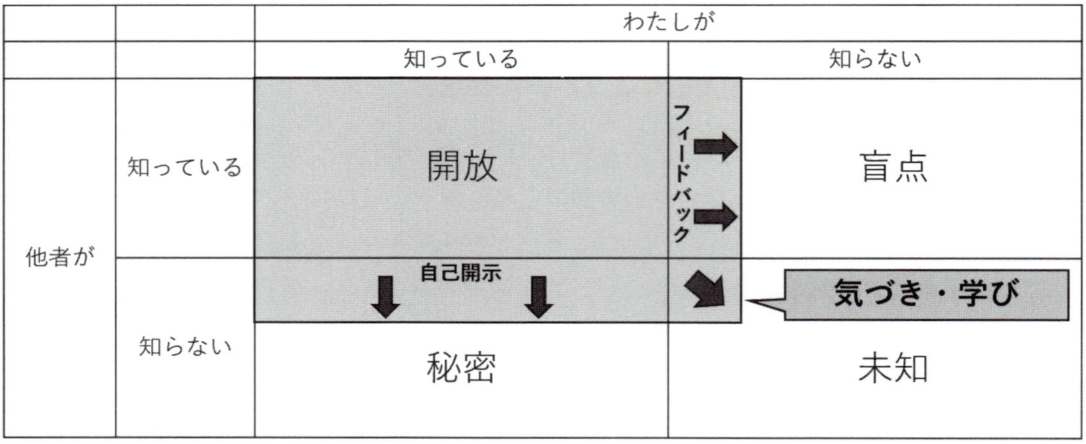

		わたしが		
		知っている		知らない
他者が	知っている	開放	フィードバック → →	盲点
	知らない	自己開示 ↓ ↓	⬊ 気づき・学び	未知
		秘密		

ジョハリの窓（石川2015をもとに筆者が作成）

おしゃべりしていると，自分の考えがいつの間にか整理されたという経験はありませんか。実は，おしゃべりしているときも，話し手と聞き手という役割を交替しながら，相互に影響を与え合っているのです。ヴィゴツキーは，発達（学び）は人とかかわる中で起こるといいます。あなただけでなく，相手の学びにもつながっているのです。

⭐ 学ぶ機会をつくろう

親しい人や信頼できる人とのおしゃべりはリラックス効果もあるので，おすすめです。しかし，積極的に自己開示をしたり新たな知識を得たりしたい場合は，自分から学ぶ機会をつくる方法もあります。

その一つが，セミナーへの参加です。セミナーには，対面で行うものとオンラインで行うものがあります。対面のセミナーは，会場の熱量を感じながら学ぶことができるので，刺激を受けるよさがあります。オンラインセミナーは，場所を問わず学ぶことができるので，参加しやすいよさがあります。こうしたセミナーは，教育関係のSNSで多数発信されています。教育関係の出版社や著名な先生方のSNSをフォローしておくと，情報を手に入れやすいのでおすすめです。

また，教育関係以外の場に顔を出すことも楽しいです。地域のイベント，他業種の勉強会などに参加すると，思わぬ発見もあります。最初のうちは，何を読んだらよいのか，何に参加したらよいのかわからないと思います。そういうときは，少しだけ読んでみる，試しに参加してみるというスタンスでよいと思います。「学びたい」と思った今が，絶好のチャンスですよ。

□おしゃべりをする

　他者への自己開示をしてみましたか。

　他者からのフィードバックを聞いてみましたか。

□学ぶ機会をつくる

　「学びたい」気持ちを何かしらの行動に移せましたか。

【引用文献】
● 石川一喜・小貫仁編『教育ファシリテーターになろう！　グローバルな学びをめざす参加型授業』弘文堂

| 4月 | 5月 | 6月 | 7・8月 | 9月 | 10月 | 11月 | 12月 | **1月** | 2月 | 3月 |

学級づくりのポイント

1月

今月の見通し

3学期を楽しく，わくわくした気持ちでスタートする

近藤　佳織

今月の見通し

学校行事
- 校内書き初め大会の準備

学年・学級
- 生活科…「自分たんけんから未来の自分へ」の準備

家庭との連携
- 生活科の学習で生まれたときのこと，名前の由来，エピソードなどのインタビューをするために，配慮の必要な家庭には事前に連絡をし，打ち合わせをする

他
- 指導要録の準備

　1月は「行く」，2月は「逃げる」，3月は「去る」といわれる3学期は，次年度への希望をもたせることを主軸にします。自分たちが過ごしてきた日々を肯定的に振り返って締めくくります。肯定的な感情で満たすこと，そうした経験が次の学年への希望，エネルギーになります。

★ 楽しい気持ちで新学期のスタートを迎える

❶ 冬休みビンゴ

　クリスマスやお正月など多くの子どもにとっては楽しく過ごした冬休み明け。寒い中登校してきた子どもたちが仲間との再会を喜び，存在を再確認できるよう，初日からかかわる活動を行います。「おもちを食べた」「いとこなど親戚に会った」「宿題が早く終わった」など冬休みの思い出を入れたビンゴカードを作成します。カードを持ち，仲間にインタビューして，当てはまればサインをもらいます。この活動で多くの仲間と話すことをねらっています。新学期の

仲間づくりや夏休み明けにも同様の活動が実施できます。

❷ おみくじ大会

　この時期だからこそ，おみくじを引いてみんなで楽しみます。吉，中吉，大吉に加えて「超大吉」も入れ，給食おかわり優先権，ドッジボール復活権など特典をつけるのも楽しいです。子どもが楽しみ，「ツイてるぞ」と前向きな気持ちで新学期をスタートできます。

　おみくじの下に数字や言葉を書いておき，順番になるよう入れ替えるとメッセージになるという仕掛けをしたこともあります。文字を並べ替えようと，おみくじを見せ合い，必然的に仲間と会話が生まれることをねらって実施します。

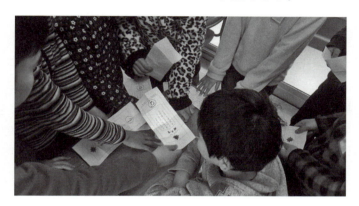

★ 次年度への希望をもたせるような計画を

❶ 次年度を意識し，方向づける

　次年度は中学年になることや春のクラス替えに向け，これまで以上に子ども同士のかかわる力を伸ばす，仲間づくりに力を入れたいものです。互いのことを知り，いざというときにかかわれる，助けることができる関係の素地をつくって送り出します。

❷ 現在地の確認〜学級目標の活用〜

　クラス替えをふまえ，残りの日々でどんな成長ができるか，今はどこまでできているかを学級目標の具体的な行動目標等で確認できるとよいです。

　例えば，学級目標に「笑顔」が入っているとします。笑顔になる状態とはどんなときかを問いかけます。「勉強がわかる」「学級が楽しい」「一緒に遊べる」「遊びに誘われる」「消しゴムを貸してくれた」など，出てきた具体的な行動や状況を共有します。そうしたことを増やすために自分に何ができるかを考えさせたいです。

1月 冬休み明けのリスタート

渡邊　克吉

★ 進級を意識させる学級活動

　冬休み明けのリスタートでは，これまでがんばってきたことを振り返りつつ，次の学年への進級を意識させることがポイントです。冬休み明けから４月までの期間は長いようで，とても短いです。その間に学校によっては児童会のイベントや卒業式といった大きな行事への取り組みがあると思います。中学年への進級に向けて，一日一日を大切に過ごしたいですね。

　進級を意識させるうえで，冬休み明け最初の学級活動の時間がとても大切になります。学級開きの際と同じように，子どもたちに話すことをシナリオなどにまとめて準備しておきましょう。

〈冬休み明けの学級指導の例〉
①進級までの日数を予想させる。
②学級目標を確認する。（できるようになってきたことなどを確認）
③３学期の行事を確認する。
④３年生に向けて，どんな力をつけたいかを話し合う。
⑤３学期の担任の決意（みんなへの約束）を伝える。

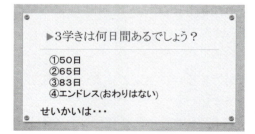

　また，進級を意識させる取り組みとして，カウントダウンカレンダーづくりがおすすめです。「３年生まであと○日」というカードを，クラスみんなで分担して作り，日めくりカレンダーのようにして掲示すると意識の高まりを期待することができます。あわせて，カードにみんなへのメッセージなども書くようにすると効果的です。

★ 係活動をパワーアップ！　イベントを開こう

冬休み明けリスタートの時期には学級の係をパワーアップさせましょう。係を新しく決める際に，係ごとに自由な発想でイベントを考えさせるようにすると学級の自治の力がさらに伸びていきます。例えば生き物係が「生き物クイズ大会」を開いたり，図書係が「本の読み聞かせ会」を開いたりと，より自由度の高い活動を仕組んでいきます。2年生の後半の時期であれば，友達と協力しながらアイデアあふれる係活動を展開することが可能です。係活動におけるイベントを活性化させるための一番のポイントは，振り返りの時間を確保することです。参加した児童からの感想を係に伝えたり，係からよかった点を発表したりすることで，達成感や成就感を味わうことができます。

アイデアを生かした係のイベント例

音楽係	イントロクイズ，賞状づくり，音楽大会，イラスト大会，カラオケ大会
生き物係	生き物・花クイズ，イラスト大会，スケッチコンテスト，虫さがしツアー
イラスト係	四コマンガ大会，イラスト大会
体育係	体操チャンピオン，ドッジボール大会，リレー大会，マラソン大会
保健係	健康イラスト大会，うがい手洗いカード
新聞係	新聞の発行とイラスト大会，プレゼントクイズ企画
チェック係	整理整頓チャンピオン，チェックドリル
手紙係	じゃんけん大会（→チャンピオンにはいいところを書いた手紙が！），ほめほめカード
サプライズ係	月末のサプライズパーティーの開催，サプライズの計画・立案

★ 友達との仲をさらに深めよう

長期休み後のリスタートには，意図的に子どもたちをかかわらせる活動を仕組むことが大切です。特に冬休み明けの段階では，グループ活動を様々なバリエーションで行うと効果的です。

❶ 冬休みの思い出トークをしよう

冬休みの思い出を話したいという子は多いです。4人程度のグループで順番に冬休みの思い出について話をする時間を確保しましょう。また，話した内容に対して順番に質問や感想を言うといった双方向のコミュニケーション活動を加えるとよいでしょう。

❷ ポジティブメッセージを伝えよう

4〜5人程度の小グループを活用して，ポジティブなメッセージを伝え合う活動です。グループで1人，メッセージをもらう人を決めます。他のメンバーはその人のいいところやがんばりをカードや付箋に書きます。一日の終わりに書いたことを読みながら渡します。メッセージをもらう人は輪番制にし，期間を決めて取り組みます。自然に温かい雰囲気が生まれます。

| 4月 | 5月 | 6月 | 7・8月 | 9月 | 10月 | 11月 | 12月 | 1月 🚀 | 2月 | 3月 |

学級づくりのポイント

1月

レク
冬休み明けのレク＆アイスブレイク
〜話咲きすごろく〜

⏰ 15分

ねらい 仲間とのかかわりを自然に生み，学校生活への前向きな気持ちを高める。
準備物 ワークシート，サイコロ

佐橋　慶彦

どんなレク？

　冬休み明け初日のような，学校生活へのやる気が出にくい日に行う，自然に仲間との会話が生まれる学級レクです。SNSで見かけたいくつかの実践の追試として作成しました。サイコロを使って，出た目のマス目に沿った指示に従っていくうちに，自然に班の中で会話が生まれていきます。

レクの流れ

❶ 今日から3学期がスタートします。今まで以上にいろんな子と協力し合ってほしい3学期ですが，冬休みが明けていきなりは勇気がもてないですよね。そこで今日は，班のみんなと一緒にたくさん話ができるようなすごろくをしようと思います。

　学級にはいろいろな子どもたちがいます。海外旅行に行った子もいれば，どこも行かずに家でゆっくり過ごした子，中には嫌な思い出があった子だっているかもしれません。そんな事情を無視して「冬休みに楽しかったことを伝え合いましょう」と言うことはあまりしたくありません。そこで，すごろくを使って，自然に会話が生まれるようにします。

❷ それでは机の準備ができた班から，すごろくの紙とサイコロを取りに来ましょう。

　大切なのは，嫌な気持ちになる人がいるようなマスがないことです。「出かけた場所は？」のマスがあると，どこにも出かけていない子は少し嫌な気持ちになってしまいます。前向きな言葉ばかりのマス目がよいのか，ちょっとしたマイナスがあるマス目も笑い飛ばせる雰囲気なのか。クラスの子の実情に合わせた塩梅を大切にしながらマス目をつくっておきます。

❸ もちろん順位はつけますが，大切なのは班のみんなと楽しく過ごすことです。夢中になりすぎて，3学期のはじめの日からケンカしてしまっては意味がないからね。それから，質問が書いてあるところはその質問に答えてくださいね。

　大切なのは，自然にみんなで笑う時間が生まれることです。勝負に白熱しすぎてケンカになってしまったり，雰囲気が悪くなってしまっては意味がないので事前に念押しをしておけるとよいでしょう。また「みんなでジャンプ5回」のようなふざけたマス目でも，みんなで体を動かすのは楽しいようで，「先生，最悪！」なんていう声とともに笑い声が聞こえてきます。

❹ 中には，「2マスもどる」「2マスすすむ」のようなマスがあります。そうすると，その移動した先にもまた文が書いてありますが，これは無視してかまいません。そうしないと終わらなくなってしまうからね。それでは始めましょう。よーいスタート。

　以下に私が作ったものを掲載しておきます。なお，低学年で実施する際は「移動した先の指示に従わない」ということがハードルになってしまう場合があるので，そうならないようにマスを設計しておいてもよいでしょう。

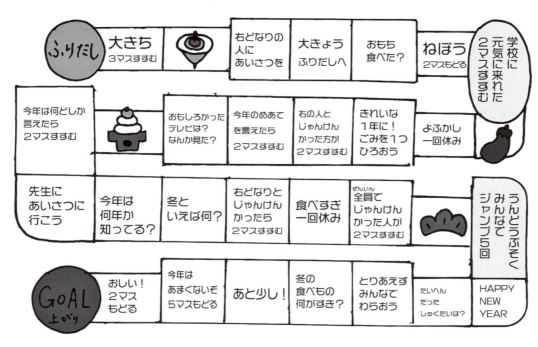

学級づくりのポイント

1月

振り返りを生かす

北森　恵

★ 「失敗」を次に生かす振り返り

　担任としては，「失敗させないように」と授業を展開することが多いと思います。バリアのための手立ても，子どもたちがゴールに向けて学びの舵を取り，自分を成長させてほしいためのものです。しかし，挑戦には失敗がつきものです。「学ぶ場所がよくなかった」「あのプリントを選んだ方がよかった」など，子どもたちは様々な失敗をします。しかし，失敗を失敗のままにせず，「次の学びへの布石」とするために，振り返りを大事にしていきましょう。

★ 振り返るためには，目標とゴールを明確に示す

　目標とは，その単元の学習をして，何ができるようになるかを示すことです。そして，ゴールとは，学習課題です。

　単元の最初に，目標とゴール（右図）の一覧と全時数分の振り返りシート（次ページ）を配ります。「あなたたちは，こんなことができるようになるんだよ」と，成長した姿をイメージさせます。子どもたちは，それらに目を通して，様々なことをつぶやきます。「先生，１ｍものさしってどれくらい？」「黒板に線を引くときに使っているのが１ｍものさしだよ」というように，対話をしながら，学習への見通しをもたせます。

長い長さをはかってあらわそう　　　　　名前（　　　　　　　）

＜目ひょう＞
① 長さのたんいをえらんでつかうことができる。
② 長さを正しくはかることができる。
③ ２年生の長さの学しゅうを生かして、長いものの長さをあらわすたんいについて、考えることができる。
④ 自分の回りにあるものの長さを、新しいたんいであらわすことを楽しむ。

＜学しゅうのながれ＞
① 66〜68ページ
　長い長さをあらわすたんいをおぼえよう。
② 69ページ
　同じ長さを○ｍ○㎝と○㎝のりょう方であらわせるようになろう。
③ 70ページ
　1ｍものさしをつかって、長さを正しくはかれるようになろう。
④ 71ページ
　1ｍより長いものをはかるどうぐを考えよう。
⑤ 71ページ
　1ｍより長いものを、長さをよそうして、はかろう。
⑥ 72ページ
　もんだいをといて、にが手なところを見つけよう。
⑦ テスト
　テストで、力をためそう。

⭐ 自己調整のための振り返り

振り返りシートには，学習課題と到達目標が書いてあります。授業後には，それをもとに自分の学びを振り返ります。書くことのほかにも，話している様子を録画したり，直接担任に話したり，ノートに書いたりしてもよいのです。あくまでアウトプットすることが目的です。

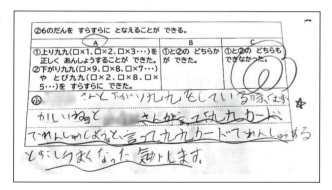

振り返りの視点は，以下のように説明しています。

①何ができたか or できなかったか。その原因は？
②どんな手立てを選んで，選んでみてどうだったか。
③友達の学びに何ができたか or 友達からどんな学びを得たか。
④次の授業に向けてどうしたいか。

「楽しかった」「かんたんだった」という端的な振り返りには「どうして楽しいと思ったの？ 問題が解けたから？ 友達と一緒に相談してできたから？」「どれが簡単だと思ったの？ 簡単にできたのはどうしてか書いてごらん」など，具体的に書けるように対話をします。

⭐ 振り返りを授業に生かす

「バリアを取り除くマインドセット」の項（p.146）で記したバリアとそれに対する手立ては，ほんの一例です。子どもによって，学習におけるバリアは様々です。事前に手立てを用意していても，授業をしてみると，手立てが子どもたちにフィットしていないと思うことがあるかもしれません。そんなときは，次時に向けて子どもたちの振り返りからヒントを得ます。「こんな手立てが欲しい」「こういうヒントが書いてあるとやりやすい」など，「先生へのリクエストも書いてくれると助かる」と話すことで，子どもたちの意見を反映した授業になっていきます。

【参考文献】
● トレイシー・E・ホール，アン・マイヤー，デイビッド・H・ローズ編，バーンズ亀山静子訳『UDL 学びのユニバーサルデザイン クラス全員の学びを変える授業アプローチ』東洋館出版社

学級づくりのポイント

1月

道徳的な価値を伝える昔話の読み聞かせ

戸来　友美

★ 昔話に道徳がある

　子どものころ，私は「日本昔ばなし」のアニメをよく観ていました。昔話では，よい行いをしている人が報われて幸せになり，悪いことをしているとよくないことが起こります。そして，「めでたしめでたし」と，お話は終わります。正直，思いやり，勤勉，寛容といった多くの道徳的価値を，おじいさんとおばあさんなどの登場人物の行いから感じることができました。知らず知らずのうちに，幸せになるために大切な姿勢を学んでいたのではないかと思います。ですから，昔話に触れる機会がもっとあるとよいのにと思っています。

　近頃，昔話を新しい作風にした絵本もたくさん出ていますので，それらを選んでも，昔ながらの重厚感あるものを選んでもかまいません。種類の多さに迷ったら，声に出して読んでみてリズム感がよいものを選ぶことをおすすめします。リズムよく，楽しげに読み聞かせることで，子どもたちも一層引き込まれることでしょう。

　先生たちも子どものころに，心に残ったお話があるかもしれません。その子どものころに感じたことや，思い出を交えながら読んでみるのもよいと思います。子どもたちの感想を聞くと，まったく違う視点や発見が得られることがあります。それは，先生自身にも新たな気づきや驚きをもたらすことでしょう。

● 『日本昔ばなし　ねずみのよめいり』
　（おざわとしお 再話，かないだえつこ 絵／くもん出版）

　ねずみの夫婦は，大事な娘を仲間のねずみにではなく，もっと偉いものに嫁入りさせたいと考えました。お日さま，雲，風，壁と次々に訪ね歩くと，壁は「がりがりかじられたらひとたまりもない。それはねずみだ」と答えました。結局，娘はねずみに嫁入りをすることになった，というお話です。この絵本は，挿絵がとても魅力的で，昔話の風景を丁寧に描いており，ねずみの表情から感情が伝わってきます。

160

● 『おむすびころりん』
　(松谷みよ子 文，長野ヒデ子 絵／童心社)

　おむすびを落としてしまうのが，おばあさんという設定が珍しいです。「おむすびころりん　すっとんとん」と，リズミカルに読める絵本です。優しいおばあさんがもらったねずみのお餅は小判になりますが，欲を出したおばあさんは，最後に失敗してしまいます。
　このお話は，正直に生き，人の嫌がることをしないことの大切さを伝えてくれます。

● 『てのひらむかしばなし　しおふきうす』
　(長谷川摂子 文，立花まこと 絵／岩波書店)

　貧乏な弟が山道で出会った白髪のじい様の指示で手に入れたのは，「右に回せば欲しいものがいくらでも出てくる。左に回せば止まる石うす」です。弟夫婦はその石うすを右に回して，立派な屋敷を出し，餅を親類に振る舞いました。それを見ていた欲張りな兄が石うすを盗み出し，石うすを船に乗せて塩を出したら，止め方がわからず，そのまま沈んでしまったというお話です。

　このお話は，欲張りすぎることを戒める教訓を伝えています。昔話には上の『おむすびころりん』をはじめ，欲張った者が報われない教訓が含まれているものが多いです。

● 『日本名作おはなし絵本　わらしべちょうじゃ』
　(杉山亮 文，高畠那生 絵／小学館)

　若者が観音様のお告げを守り，一本の藁を持っていると，困っているので手持ちのものと変えてくれという人が次から次へと現れます。若者は人を助けていくうちに，手にしているものはどんどん豪華なものになっていきます。

　このお話には，困っている人に惜しみなく自分の持っているものを差し出し，役に立とうとする姿が描かれています。そして，その姿勢が富を手に入れることにつながっていることから，思いやりの大切さを教えてくれます。

2月 今月の見通し
もうひと伸びのレベルアップを仕組む

近藤　佳織

今月の見通し

学校行事
- 6年生を送る会に向けた計画，練習

学年・学級
- できていることに目を向ける振り返り

家庭との連携
- 気になる子が活躍できる場をつくる
- 学習参観，学級懇談会の準備

他
- 年度末事務のための準備を早めに開始

担任との信頼関係がある程度できていれば，この時点で学級は安定し，個々の成長に向けて最後のひと伸びが期待できます。

★ もうひと伸びのレベルアップを後押しする

❶ ビー玉やミニハートなどをため，成長を可視化する

　毎日のめあてや学級目標に関することができたかどうかを，毎日帰りの会に挙手制で振り返ります。8割以上の子が達成できたらビー玉やミニハートを一つ増やすなどの基準がよいでしょう。継続するうちに，示したことに関する姿を子どもが自分で意識し，声をかけ合うようになります。そうしてためたビー玉やミニハートが30や

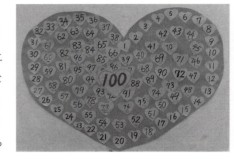

50などきりのよい数になったら「がんばったねパーティー」「○個記念お楽しみ会」をし、できていることが増えたことを共に喜ぶ時間をもちます。動機づけと自分たちのレベルアップを後押しする仕組みを用意したいものです。

❷ 2年生検定試験の実施

2月終わりから3月、この一年なかなかできなかったことや、教師が期待する3年生に向けた姿などを20個程度示し、検定試験を実施します。試験日と検定項目を提示し、その日は、いつも通りの日常ですが、あれこれ口にせず、子どもに任せて見守ります。「次の時間の用意をしようよ」「時間だよ」と声を出す子が出てきます。

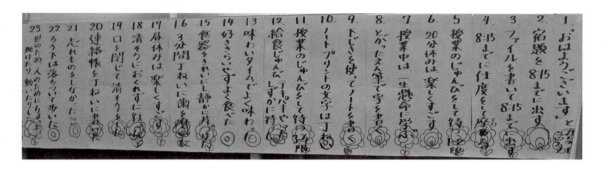

各項目の審査は、帰りの会に子どもたち自身の自己評価アンケートで行うとよいと思います。また、検定試験合格の達成基準は、実態によりますが8割から9割がよいと考えます。全員に完璧を求めるのではなく、「2年生ではこんなにがんばった、成長したな」「残りの日も3年生に向けてがんばろう」と思えるような試験にしたいです。

★ もしも、手ごたえがないとき、荒れているときは

一年間、あれこれ考え手立てを講じてはきたけれど、今の時期になっても「なんとなくかみ合わない」「子どもたちに指示や考えが伝わらない」「授業が成立しにくい」という学級の状況もあるかもしれません。

そんな苦しいときは、無理に新しいことをせず、2年生として指導しなければならない学習内容を確実に終わらせることを中心に考えましょう。なぜうまくいかなかったか、自分の何がいけなかったかを振り返るのは少し後にして、3月の終業式まで毎日子どもの前に立ち続けること、それを目標にします。カウントダウンカレンダーを作るのもよいかもしれません。

一年間を駅伝にたとえると、優勝や記録を出すだけでなく、途中で走るのをやめず、次の担任に（次年度へ）襷をつなぐこと、完走することも大切な役目です。

| 4月 | 5月 | 6月 | 7・8月 | 9月 | 10月 | 11月 | 12月 | 1月 | **2月** | 3月 |

学級づくりのポイント

2月
学年末の学年・学級懇談会

髙橋　健一

⭐ 学年末の学年・学級懇談会を実施する目的は何か

　4月から何回か学年・学級懇談会を実施してきたのではないでしょうか。それぞれの学年・学級懇談会は，担任と保護者の顔合わせ，学年や学級の指導方針の伝達，保護者同士の対話の機会，各種行事の説明など，様々な目的で実施されてきたと思います。保護者にとって参加してよかったと思えるような懇談会になるように工夫されてきたと思います。

　それでは，学年末の学年・学級懇談会を実施する目的は何でしょうか。きっと最後の学年・学級懇談会のはずですから，一年間を通した子どもたちの成長を伝える機会，そして，学年や学級の教育活動にご理解・ご協力いただいた保護者の方たちへの感謝を伝える機会として，有効に活用したいものです。

　そして，次の学年でも保護者の方たちが，前向きに子どもと向き合っていけるように背中を押すことができれば言うことなしです。

⭐ 学年・学級懇談会に参加してもらうためには

　読者のみなさんの小学校では，学年・学級懇談会は，年に何回くらい実施されていますか。以前は，学習参観の後に必ずといっていいほど，学年・学級懇談会が実施されていましたが，現在は，学年はじめと学年末の2回が多いのではないかと思います。保護者の方たちには，できることならば，その2回には参加してもらいたいと願うところです。

　しかしながら，学年・学級のPTA役員を決めるなど，参加しないと不利益を被るであろう場合を除くと，参加する保護者の数は多くないという話も聞きます。必要感のない学年・学級懇談会は，どんどん減らしてよいと思います。しかし，年間行事計画に位置づけられている限りにおいては，保護者にとって意味ある時間にする工夫が必要でしょう。

　私は，保護者と一緒に子育てについての学習会をする感覚で，学年・学級懇談会を実施したこともありました。保護者にとって参加したら得だと思える懇談会にできたらと思います。

⭐ 学年・学級懇談会の事前準備

　限られた時間の中で，子どもの一年間の成長や，保護者への感謝の思いについて伝えるために，視覚的な材料を準備しましょう。

❶ 学年・学級懇談会資料

　伝えたいことは，Ａ４用紙表裏１枚程度にまとめておくとよいでしょう。もちろん，その中には，子どもたちの成長や保護者への感謝について，文字として言葉にしておきましょう。後々，参加できなかった保護者に配付することもできます。

❷ 一年間の成長ムービー

　今まで撮りためた写真をもとに，子どもたちの一年間の成長ムービーを制作しましょう。各種行事の集合写真，一人一人が笑顔で活動する写真，真剣な顔で学習する写真などを選択します。個別懇談の際に活用した写真を活用して，登場回数も調整し，それに音楽を添えます。

> □一年間を通した子どもたちの成長を伝える機会，そして，学年や学級の教育活動にご理解・ご協力いただいた保護者の方たちへの感謝を伝える機会として活用する。

⭐ 保護者の背中を押すお土産を

　ベテランの先生に「最後の学級懇談会で，どんなことをしていますか」と質問したときに，その先生は「子どものいいところの自慢大会をするのよ。でも，保護者って自分の子どものいいところを言えない人が多いの。だから，最後に保護者の背中を押すお土産を渡すのよ」と仰いました。そのお土産とは，子ども一人一人のいいところがまとめられた冊子なのだそうです。子ども一人一人のいいところを学級のメンバー全員から書いてもらうのだそうです。でも，「足が速い」とか「優しい」とか「頭がいい」とかの言葉が並ぶのでは寂しいので，子どもたちに「あなたしか知らない○○さんのいいところを書いてくださいね」と伝えるのだそうです。それをまとめて冊子にして，保護者に渡すと喜ばれること間違いなしとのことです。

　自分の子どものいいところが書かれた冊子は，次の学年に向けて保護者の背中を押すお土産になるのだと思います。もちろん，それは子どもの背中を押すことにもなるはずです。

| 4月 | 5月 | 6月 | 7・8月 | 9月 | 10月 | 11月 | 12月 | 1月 | **2月** | 3月 |

2月

次年度に引き継ぎたい 気になるあの子への対応

南　惠介

⭐ 悪いことを伝えるのが引き継ぎではない

　引き継ぎは，「困ったこと」「うまくいかなかったこと」を伝えることが多くなりがちです。

　それは決して悪いことではなく，現実問題として伝えてもらっていないと即「困る」ことにつながります。それどころか，「なんでそんなことも知らないの」と保護者の不信感を招き大きなトラブルにつながることもあります。

　もちろん人と人との関係性や発達段階，学習や活動の内容などによって行動は変わるため，そこで言われたことをそのまま「真実」として受け取る必要はないのですが，それでも2年生のときにあったことで困ったことは伝えておく必要があります。ただ，そこで終わったら「じゃあ，いったいどうしたらいいの」となり，次年度の先生にとって有益な情報になりません。

　困ったことの話の一方で，困らなかったときの話もした方がよいでしょう。

　困らなかったときの話は，「うまくいっている状況」を表していて，どういうときに，どういう対応をしていたかを伝えると，次の年の支援や指導のヒントとなります。

⭐ 自己分析をする

　案外多いのが，「2年生では問題がなかった」ことを伝えないことです。

　1年生のときにネガティブな引き継ぎ内容が多かったにもかかわらず，2年生の間に特に目立って困ったことが起こらなかったということはありませんか。本当に，誰でも，どんなときでも問題がなかったのでしょうか。

　他の先生が対応したときや行事などの活動のときに問題があり，でも自分が対応しているときはうまくいっていた，というなら，自分で意識せず行っていたことで，その子どもが落ち着いて場に適応した行動ができていたのかもしれません。

　「そういえば……」と思い当たることがあれば，ぜひそれを伝えましょう。

　例えば，「よく笑っているので，安心したのかもしれません」「叱るときには，感情を込めないで『○○しようね』と伝えていました」など，自分がしてきたことを思い起こし，分析して

伝えられるとよいでしょう。そうすることで，困ってからの対応だけでなく，そもそも困らないための準備について情報を伝えることができます。

⭐ エピソードで伝える

忙しい年度末や年度はじめの引き継ぎは，簡潔に伝えることが大切です。ただ，子どもの様子などによっては，トラブルなどの前後の様子や，様々な背景も伝えておくことで，大切なことが伝わることがあります。

トラブルについては，多くの場合その子の「ストーリー」の中で起こっていることがほとんどです。ですから，時にはこんなことがあったとエピソードで伝えることも意味があります。

先生にとってたいした意味をもっていなかったことでも，新しく担任になる先生には大きな意味をもつことも多いのです。

⭐ 保護者のしんどさを伝える

うまくいかないとついつい「家庭は」と言ってしまう先生を見ることがあります。

学校でしか困る行動をとっていないこともありますが，「家ではいい子なんですよ」と言っていても，実は家でも困っている保護者はいます。

もちろん学校での不適切な行動以上に，家だともっと大変だという場合もあります。

教師が考えている以上に，いっぱいいっぱいになっている保護者は少なくありません。

そういう保護者のしんどさやがんばりもあわせて伝えていきましょう。

保護者が折れてしまったり，虐待につながったりしないためにも，大切な視点です。

□悪いことだけを伝えるのが大切ではない

　困ったことを伝えることはもちろん大切ですが，うまくいっていたことも伝えることで，次年度の指導のヒントとなります。

□自己分析をする

　うまくいったことだけでなく，何もなかったことにも背景があることが多いものです。

　意識的にやっていなかったことの掘り起こしが必要な場合もあります。

□エピソードで伝える

　具体例で伝えるからこそ，相手にとって有益な情報が含まれていることもあります。

□保護者のしんどさを伝える

　新年度，新しい担任と保護者がよい関係でスタートできるためのアシストをします。

第3章　小学2年の学級づくり＆授業づくり　12か月の仕事術　167

| 4月 | 5月 | 6月 | 7・8月 | 9月 | 10月 | 11月 | 12月 | 1月 | 2月 | 3月 |

今月の見通し

3月

自分を勇気づける担任が子どもを勇気づけることができる

近藤　佳織

今月の見通し

学校行事
- 卒業式の練習

家庭との連携
- 気になる子が活躍できる場を

学年・学級
- 学校行事の計画，練習
- 学期末事務処理
- 春休みの過ごし方指導
- 子どもに返すもの，3年生に送るものの確認，準備

他
- 教室を明け渡す準備（持ち帰りの計画，掲示物の撤去，大掃除，不要なものを処分する）
- 生活科…「自分たんけんから未来の自分へ」発表の計画，準備

うまくいったこと，思うようにいかなかったことがあると思いますが，子どもが3年生が楽しみだな，3年生になってもがんばろうと思えるような勇気を与えて締めくくりたいものです。

★ 「任せる」リーダーシップへ

　担任は見守りに徹し，子どもたちが自分で問題を課題と捉え，解決に向けて行動する自治的な姿を，学級づくりの最終目標と考える方も多いでしょう。

　しかし，担任の手を離れるまでには必要な段階があります。関係をつくり，少しでも自分でやろうと動いたことを大いに認める。それを積み重ねながら，思いきって担任が手を放す場面をつくります。そのさじ加減は，子どもの実態や担任のキャラクター，日々のリーダーシップにより変わるでしょう。担任がすべて自分でやろうとすることから，子どもに任せる部分を多くすることで子どもたちの成長が加速すると考えます。

⭐ 取り組んだこと，できたことを見える化する

　学年の最後は，課題を指摘するよりも，学級でがんばったことや楽しかったことを肯定的に捉えて締めくくり，次の学年に送り出したいと考えます。

　4月からこれまでの歩みやできたことを掲示で振り返るため，できごとや思い出，がんばってきたことや写真を入れた成長の年表を作成します。年度はじめから作っておくと楽です。

　また，学級じまいに向け，1・2学期に作ったものからすべて貼ることもできます。歩みを見ながらあらためて自分たちの一年間を振り返ることができるとよいと思います。

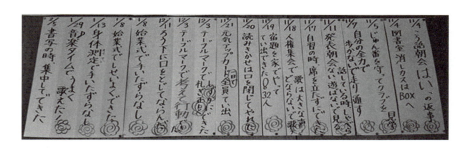

　今，楽しく過ごしているのは自分が仲間とかかわったり，がんばったりしてきたからだという，自分たちで学級を楽しく，居心地のよい場にしてきたことを子どもに伝えます。

　「3学期は担任の色を抜く」と表現する人もいます。次の年度に仲間や担任が変わっても自分たちで決めてできる，そうした気持ちを後押ししたいです。

⭐ 周りに向けて感謝の心を

　この時期の卒業式練習や終業式，卒業式で成長した自分を行動で周りに見せることで感謝を伝えよう，そのためにどんな姿で参加すればいいのかと問いかけます。周りを意識した行動が行事でも発揮できるようにします。

　人を勇気づけるためには，自分自身が勇気づいていることだといわれます。一年間，いろいろあってもまた笑顔で子どもの前に立てるよう，自分で自分を勇気づけ続けること。それが子どもを勇気づける教師への第一歩です。

3月 子どもたちに寄り添う成長発表会

北森 恵

★ 一年間の締めくくり

子どもたちが一年間学んできたことの集大成と捉えられる授業が，生活科の「成長発表会」（例：自分たんけんから未来の自分へ）や「できるようになったよ発表会」と呼ばれるものではないでしょうか。学年最後の学習参観として行われることも多く，子どもたちもとても張りきって準備をします。

★ 一年間を振り返ることから始める

発表内容を決めるときには，まず自分の成長の足跡を探す必要があります。成長の中には，以下の二つがあります。

- 自分で気づいている成長
- 自分では気づいていないけれど，友達や家族は知っている成長

2年生は，自分のことをメタ認知することがまだ得意ではありません。ですから，自分で一年間を振り返ることと，友達や家族に「どこが成長したと思う？」とインタビューする機会をつくります。友達や家族に聞くことで「そうか，確かに2年生でできるようになった」「あ，忘れてた！　それもあった」と気づくことができます。

中には「自分には何も成長したことなんてない」と話す子どももいます。そのときには，担任が知っている成長を，「あなたはこんなことができるようになったんだよ」と具体的に話して聞かせましょう。学校生活で撮りためた写真や動画があれば，説得力が増します。

⭐ 発表方法を自分で決める

　自分の成長を発表するのですから，持ち時間さえ守れば，発表方法は子どもたちが決めるとよいでしょう。「みんなの前に立って発表する」と方法を狭めず，子どもそれぞれに合わせた方法を選ばせてみてはどうでしょうか。大事なことは，担任が決めた方法を遂行することではなく，子どもたちが自分の成長を伝えられることです。全体での発表に困り感をもっている子どもがいたら，それをなくせるように方法を相談しましょう。

❶ 動画を撮って発表する

　たくさんの人の前ではなかなかうまく話せない，ピアノを弾きたいけど緊張して指が震えるなど，大勢の前での発表をためらう子どももいます。その場合は，あらかじめ自宅や空き教室などで発表の動画を撮っておき，それを本番で流すという方法もあります。

❷ 音声読み上げ機能を使って発表する

　言葉がうまく発音できなかったり，大きな声を出すことに苦手意識があったりしたら，端末の音声読み上げ機能を使って発表してもよいのではないでしょうか。ドキュメントやスライドに発表したいことをまとめて，あとは音声読み上げ機能を設定するだけです。あらかじめ録音した音声に合わせて，発表者本人がスライドを進めるという方法もあります。

❸ 成果物で発表する

　口頭で発表することが困難な場合，絵本にまとめたり，漫画を描いたり，作文にして掲示したりしても，それは立派なアウトプットです。

　上記に挙げたのは一例です。子どもたちの困り感に寄り添い，そして保護者とも連携をとり，その子どもが自分の思いを伝えられる方法を，担任として一緒に探していきましょう。

□まずは自分の成長に気づくことから
　自分で気づいている成長，気づいていない成長があるので，どちらにも目を向けられるようにしましょう。
□発表方法は一つではない
　人前で堂々と発表している姿は美しいです。しかし，それだけが最良の方法ではありません。子どもたちの困り感に寄り添い，その子どもにとってよりよい方法を見つけましょう。

| 4月 | 5月 | 6月 | 7・8月 | 9月 | 10月 | 11月 | 12月 | 1月 | 2月 | **3月** |

3月

クラス納め

岡田　順子

⭐ 自分たちの成長を感じることが大切

　2年生から3年生になるときにクラス替えがないとしても，やはりクラス納めはした方がよいです。クラス納めはお別れ会ではなく，2年生の締めくくりだからです。

　2年生の子どもたちは，低学年から中学年に向けてできることが増え，大きく成長した一年間だったはずです。それを自分で自覚できる学年末にすることが大切です。なぜなら，心の成長は目に見えにくく，意識しなければ自覚しないまま過ぎてしまうからです。

　自分たちの成長を自覚することで自信をつけ，3年生への意欲を高めていきます。

⭐ 学習面での成長をまとめる

　学習で使ったファイルを整理します。今まで学習で使ったカードやワークシートを綴じながら，1学期の自分の文字や文章を見返します。

　「懐かしい」「字が上手になった」「たくさん書けるようになった」など，子どもたちは自分の変化に気づきます。目に見える変化もこうして見返すとあらためて自覚することができます。

　学習ファイルの整理をし，持ち帰る前に，先生から全員に向けて発行した賞状を配り，最後のページに挟んであげると喜びます。1行でいいので，「○○をがんばっていたね！」など個人向けのメッセージがあると，子どもたちはとても喜びます。

⭐ 生活面での成長をまとめる

　目に見えない，できるようになったことを自覚するには，言語化や視覚化をしてあげることが必要です。

❶ 掲示を使って

　みんなの成長を工夫した掲示で視覚化します。例えば，「成長の実が実る木」にたくさんの

実が実ったらうれしいです。

　木の幹だけ教師が作ります。りんごの形のカードなどを用意し，子どもたちが自分たちの成長を書いて，思いつくだけ貼っていきます。「たくさん発表できるようになった」「友達を誘えるようになった」「1年生に優しくできた」などたくさんのカードが貼られると，こんなにたくさんのことができるようになったんだと，感じることができます。

❷ ゲームをしながら

　「できるようになった人探し」も楽しいです。2年生の成長をたくさん書いたカードを人数分作っておきます。子どもたちは，配られたカードを持って，教室内を歩き，書いてあることができる人を探します。「自分から挨拶できた？」「当番の仕事を忘れずにやった？」と仲間にインタビューし，できる人を見つけたらサインをもらいます。たくさんサインを集めた人が優勝です。自分や仲間の成長をたくさん見つけることができます。

⭐ 自分たちでつくるお楽しみ会をする

　学年の終わりにお楽しみ会を計画します。「2年生卒業パーティー」とか「ありがとうの会」など締めくくりを意識した会のネーミングで計画をスタートすると，ねらいがわかりやすく盛り上がります。

　2月ごろから計画を始めれば，子どもたちに任せて計画することができます。司会やゲーム，歌など，今までに当番活動や係活動で取り組んだ経験を生かして，子どものアイデアを生かしてみましょう。この会を計画して実行するだけでも，大きな達成感が得られます。成功体験となるように，子どもたちに任せきりにせず，計画や準備の様子を見て，必要なアドバイスをしていきます。

⭐ 子どもたちを手放す

　一番大切なのは，子どもたちが自信をもって意欲的に3年生になることです。そのために成長を自覚し，自信をもたせるのです。

　どんな楽しい活動を行っても，どんなに「先生大好き！」という関係性であっても，次の学年になって「2年生のときの方がよかった……」と言うことがいいわけありません。

　私たち教師は，自分の学級の子どもたちに愛情をもって接しますが，次の場所へ行っても活躍できるように，羽ばたけるように子どもたちの力を伸ばし，「あなたなら大丈夫。みんななら大丈夫。3年生でも活躍してね！　応援しているよ！」と励ましながら背中を押しましょう。

第3章　小学2年の学級づくり＆授業づくり　12か月の仕事術　173

3月 大切なことを絵本を通して届ける読み聞かせ

戸来　友美

　絵本のすばらしさは，物語を楽しむ時間をつくりだすこと以外にも，たくさんの価値があります。絵本は，言葉では伝えにくい大切なことを，子どもたちの心にそっと優しく届けることができるのです。「人に優しくしましょう」と直接言うよりも，優しさが描かれた物語を読むことで，子どもたちは自然とその大切さを感じ取るでしょう。絵本は，子どもたちの心に深い影響を与えてくれます。

　絵本を通して，子どもたちがこれからの人生を豊かに過ごせるようなメッセージを語りたいと思いませんか。正しいこと，美しい世界があることを，そして素敵な生き方が存在することを，伝えていきませんか。ここでは，そんな思いを伝えられる絵本を紹介します。

● 『もじもじこぶくん』
（小野寺悦子 文，きくちちき 絵／福音館書店）

　誰かのためにがんばることは素敵なことだと伝えてくれる絵本です。アイスクリーム屋さんの前で，アイスクリームを買いたいのに，ぶたのこぶくんはもじもじして買えません。しかし，こぶくんは声を出して注文ができました。なぜ，それができたか。それは自分よりずっと小さなありさんが，注文できなくて困っていたことに気づいたからです。
　自分の勇気を奮い立たせたのは，人を想う気持ちだったというお話です。

● 『アマンディーナ』
（セルジオ・ルッツィア 作，福本友美子 訳／光村教育図書）

　犬のアマンディーナは，演劇に目覚めます。一人で劇場を修理し，大道具を作り，チラシを作り，いよいよ当日を迎えます。しかし，幕が開いたときに，劇場にお客さんは一人もいませんでした。それでも，アマンディーナは力いっぱい演技し続けました。その姿を見ていたゴキブリが，あまりのすばらしさに，

他の動物たちを呼び，劇が終わるころに大勢の観客の拍手が響きます。
　アマンディーナの行動は，あきらめない大切さと，一生懸命がんばることは人の心を動かす力があると教えてくれます。

●『ばあちゃんのおなか』
（かさいまり 文，よしながこうたく 絵／好学社）

「ぽんぽこぽんぽこ」というリズムが耳に残る，楽しくも切ない絵本です。ばあちゃんのおなかで遊ぶ様子が楽しく描かれていて，読んでいて笑顔になりますが，お話が進むにつれて，悲しい別れが訪れます。
　ばあちゃんが残してくれたのは，笑顔で生きることの大切さ。ばあちゃんの愛情や教えを胸に悲しみを乗り越えていく様子も描かれています。家族の絆や思い出を大切にすることの意味を心に届ける作品です。

●『はらすきー』
（あきやまただし 作・絵／講談社）

　はらすきーというおなかを空かせたハスキー犬が，食欲を抑えられずに，他の野良犬たちの食べ物を食べ尽くしてしまいます。町から追い出されそうになりますが，ケンという犬は，「はらすきーのおなかが減るのは，はらすきーのせいじゃない」とかばいます。痩せ細るはらすきーを見て，野良犬たちも許し，町を出ていかないように言うのですが，はらすきーは，ケンが自分に優しくしてくれたように，他の町の野良犬たちに優しくしたいと町を出ていきます。
　優しさが勇気を生むことを伝えてくれています。読んでいると，ケンのような優しさをもって人に接することができているのかと，自分に問われているような気持ちにもなります。

| 4月 | 5月 | 6月 | 7・8月 | 9月 | 10月 | 11月 | 12月 | 1月 | 2月 | 3月 |

3月

教師力を高める 充実した春休みの過ごし方

深井　正道

★ 感謝の気持ちを表そう

　一年間，大変お疲れさまでした。あなたがいたから，子どもたちや同僚のみなさんは助かりました。そして，子どもたちや同僚のみなさんがいたから，あなたも学べました。立場や年齢は関係なく，互いに学び合った仲間です。一つの区切りとして，感謝の気持ちをあらためて表すとよいと思います。「ありがとうございました」と，相手に伝えてください。春休みは，一年間の中で最も忙しい時期だと思います。年度末の処理と次年度の準備が重なるからです。職場の方はとても忙しそうにしていると思います。あなたも，とても忙しいと思います。そういうときだからこそ，意識して時間をつくって，自分から感謝の気持ちを伝えに行きましょう。ここで紡がれた「つながり」が，将来のあなたを再び助けてくれるかもしれませんよ。

★ 時間を意識しよう

　年度末は，締め切りのあるものが多いです。指導要録の作成，教材・教具の返却，次年度の書類の提出などです。一覧表を作って，いつでも確認できるようにしておくとよいです。特に初めて行うものは，見通しがもてないので取りかかりが遅くなると思います。そのため，本来の締め切りの１週間前を自分の期限にしたり，少しでも形にできたら他の人に見てもらったりすることをおすすめします。年度末に近づくほど周りの方も忙しくなるので，早めの方が相談しやすいです。優先すべきは，完成度よりも期限を守ることです。

★ 場を整美しよう

　自分の使用した教室，職員室の机や棚などをきれいに掃除しましょう。大切なのは，次に使う人のことを考えることです。机の上に赤ペンのインクが付いていませんか。引き出しの奥に紙が落ちていませんか。ごみ箱やそうじロッカーの中にほこりが残っていませんか。他者の立場になって点検することをおすすめします。教師が他者意識をもてると，かかわる子どもたち

にも他者意識を伝えられると思います。もし，職場を異動する場合は，更衣室のロッカーや靴箱などもきれいに掃除します。年度末の仕事の予定に，掃除の時間を入れておきましょう。また，個人情報書類やデータを処分するときは，同僚に確認して慎重に行いましょう。

⭐ 日々を楽しもう！

ノーベル文学賞を受賞したジョージ・バーナード・ショーの言葉を贈ります。

We don't stop playing because we grow old; we grow old because we stop playing.
（年をとったから遊ばなくなるのではない。遊ばなくなるから年をとるのだ。）

よく「遊び心」といいますが，その本質は日々の少しの変化でも「楽しい」「うれしい」と思える感受性だと，私は思います。その感覚が，ポジティブな感情や主体的な行動を引き出し，幸せな人生へとつながるのではないでしょうか。ぜひ，教員人生を楽しんでくださいね。

□気持ちよく一年を締めくくろう
　　周りの人たちに，感謝の気持ちを伝えましたか。
　　提出物や環境整美などができましたか。
□小さな変化を楽しもう
　　片づけの作業や次年度の準備の中にも，楽しさやうれしさを見つけましたか。

国語

学習の要所と指導スキル

授業づくりのポイント

渡邊　克吉

⭐ 学習内容例

月	学習内容例
4月	● 話の内容を確かめながら物語の音読をする。［読むこと］ ● 自分が経験したことをもとに，日記を書く。［書くこと］
5月	● 話を聞くときに大切なことは何かを考え，話し合う。［話すこと・聞くこと］ ● どんな順序で説明しているのかを確かめながら説明文を読む。［読むこと］
6月	● 観察するものを決めて，観察したことを記録する文章を書く。［書くこと］ ● 物語を読み，好きなところを伝え合う。［読むこと］
7月	● 質問をしたり，質問されて答えたりしながら考えを深める。［話すこと・聞くこと］ ● お気に入りの本を紹介する。［読むこと］
9月	● 相手に正しく伝わるように，わかりやすい話し方を考える。［話すこと・聞くこと］ ● 説明文を読んで考えたことをまとめたり，友達に話したりする。［読むこと］
10月	● 物語を自分と比べて読み，登場人物に向けた手紙を書く。［読むこと］ ● 言葉を集めて季節のカードを作り，感想を伝え合う。［書くこと］
11月	● 友達の困り事や相談事への解決方法について話し合う。［話すこと・聞くこと］ ● 説明文を読み，筆者の説明の仕方の工夫について話し合う。［読むこと］ ● 時間や事柄の順序に気をつけながら，説明する文章を書く。［書くこと］
12月	● 物語を読んであらすじをまとめたり，その物語を紹介する文章を書いたりする。 ［読むこと］ ● 絵を見て考えたことをもとに，物語をつくる。［書くこと］
1月	● 説明文を読み大事だと思ったことをまとめたり，調べたことを紹介する文章を書いたりする。［読むこと］
2月	● 経験したことをもとに詩をつくる。［書くこと］ ● 一年間を振り返り，友達のよいところなどを手紙に書く。［書くこと］
3月	● 物語を読んで一番心に残ったことを友達と伝え合う。［読むこと］ ● 一年間を振り返り，自分の成長したことについて発表する。［話すこと・聞くこと］

⭐ 身につけたい力

　国語科で身につけたい力を捉える際に，拠りどころとなるのはやはり学習指導要領です。学習指導要領（平成29年告示）においては，国語科の目標として「言葉による見方・考え方を働かせ，言語活動を通して，国語で正確に理解し適切に表現する資質・能力」を育成するとしています。そのうえで低学年の目標が次のように示されています。

> 【知識及び技能】……⑴日常生活に必要な国語の知識や技能を身に付けるとともに，我が国の言語文化に親しんだり理解したりすることができるようにする。
> 【思考力，判断力，表現力等】……⑵順序立てて考える力や感じたり想像したりする力を養い，日常生活における人との関わりの中で伝え合う力を高め，自分の思いや考えをもつことができるようにする。
> 【学びに向かう力，人間性等】……⑶言葉がもつよさを感じるとともに，楽しんで読書をし，国語を大切にして，思いや考えを伝え合おうとする態度を養う。

　第１学年及び第２学年においては「日常生活に必要な国語の知識や技能を身に付けること」や「順序立てて考える力」「自分の思いや考えをもつこと」などに重点が置かれています。２学年のまとまりごとに目標が示されているので，入学からの二年間の中で，これらの目標の達成を目指すということがわかります。

　では，２年生の段階で身につけたい国語の力について具体的に考えてみましょう。土居（2022）は国語科で身につけさせたい力を「言葉の力」とし，実際に行う行為に即して「言葉を使って考えたり，話したり，聞いたり，書いたり，読んだりする力」と捉えるとわかりやすいと述べています。国語科は言葉そのものを学ぶ教科です。国語の授業のみならず，他教科の授業においても必要な言葉の力を育むと考えると，非常に重要な教科であることがわかります。

　２年生においては，１年生での学習をふまえ，より思考を伴う言語活動を通して，言葉の力を高めていくことがポイントであるといえます。２年生の時期は学校生活にも慣れ，様々な活動に意欲的に取り組むことができると思います。新しい物語や説明文を読んだり，自分で文章を書いたり，友達と話し合ったりする活動を通して言葉のおもしろさや，学ぶことの楽しさを経験させていきたいです。そして何よりも，楽しみながら言葉の力を身につけていけるような授業づくりを考えていきましょう。

⭐ 話すこと・聞くことのポイントは，よい聞き手を育てること

　２年生の話すこと・聞くことの指導のポイントとして，「よい聞き手」を育てることが挙げられます。話すことの指導も聞くことの指導もどちらも大切ですが，まずは「よい聞き手」を

育てることを意識して指導をすることがポイントです。低学年の子どもたちは，様々な場面で自分の意見を発表したい，伝えたいという思いが強いのではないでしょうか。それ自体はとても素敵なことなのですが，ともすれば伝えることに夢中になるばかりに，相手の話を聞いていないということもしばしば起こりうると思います。安心して学び合える教室をつくるためには，「自分の考えを聞いてもらえる」という安心感が必要なのです。

　よい聞き手を育てる指導のポイントは次の三つです。

- 望ましい聞き方を体験させる（ロールプレイ）
- 活動を通して繰り返し聞く体験をさせる
- 聞くことに対するポジティブな体験をさせる

　よい聞き手を育てるうえで，子どもたちが聞くことの大切さを体験的に理解していることが大切です。まずはロールプレイを通して望ましい聞き方を体験させるとよいでしょう。目を見て，うなずきながら，体を向けて，最後まで聞くといった聞き方を体験しながら，聞くことのよさに気づいていけるようにしましょう。ロールプレイの方法はいろいろありますが，はじめはペアでの活動がおすすめです。活動後に話を聞き合った感想を伝え合ったり，学級全体で話を聞くことのよさについて共有したりすることで，聞き合おうとする雰囲気が生まれます。「友達に聞いてもらった」「とても話しやすかった」といったポジティブな体験を重ねることで，よい聞き手が育っていきます。このようなコミュニケーション活動は一年間を通して繰り返し行うことができる活動です。継続して取り組むことでじわじわと効果が表れてきます。

　他にも，よい聞き手を育てる取り組みとして「友達の発言を再生する」活動がおすすめです。日々の授業の中で「○○さんが言ったことをもう一度言える人？」と聞いたり，「○○さんが言ったことをペアの人に伝えましょう」と指示をしたりしながら，聞くことへの意識を高めていきます。国語の学習のみならず，様々な教科学習においても友達の話を聞くことを意識させていきましょう。日々の授業で育てるという視点を大切にしたいですね。

⭐ 読むことのポイントは，音読を大切にすること

　２年生の読むことの学習では，音読が非常に重要です。土居（2022）は，「音読は読解力だ

けでなく他の学力とも相関する，非常に重要な力」と指摘します。さらに「年齢が低ければ低いほど，黙読よりも声に出して読みそれを耳から聞ける音読の方が理解しやすい」と述べています。2年生の読むことでは音読に繰り返し取り組み，声に出す楽しさや友達と声を合わせる心地よさを体験させていきましょう。音読には様々なバリエーションがあります。何よりも子どもたちが楽しく取り組めるように工夫していきたいですね。

- 追い読み（教師→子どもの順で同じ文を読む）
- 交代読み（一文ずつ交互に読む。教師と全体，ペアやグループで取り組む）
- リレー読み（一文ずつグループや全体で交代しながら読む）
- 高速読み（できるだけ速く，正確に読む）
- たけのこ読み（自分が読みたい文のところで立って音読する）

他にも動作化を取り入れたり，音読劇を行ったりといった工夫が考えられます。低学年では正確に読むことはもちろん大切ですが，読むことの楽しさを味わえる活動を経験させます。

⭐ 書くことのポイントは，繰り返し書いてみること

書くことに対して苦手意識をもつ子どもはとても多いです。書く力は国語の授業を中心に丁寧に指導する必要があります。書く力を身につけさせるうえでは，「繰り返し書く」ことが大切です。2年生では身近なことや経験したことを日記に書く活動がおすすめです。はじめは短い文章でもかまわないので，繰り返し取り組みながら，書くことを当たり前にしていきましょう。

書くことが当たり前になってきたところで，日記の紹介を取り入れると効果的です。日記の紹介は，誰か一人の日記を学級全体に紹介しよいところを見つけるという活動です。紹介する際には，書いた日記を音読させたり，コピーして配付したりと様々な方法があります。子どもたちが見つけた日記のよいところを学級全体で共有することで，書く力が育っていきます。

加えて，日記について教師が適切に評価していくことも大切です。ポイントをつけたり，進級システムなどを取り入れたりすると意欲的に取り組むことができます。子どもたちが楽しみながら書くことができるよう意識していきましょう。

【参考・引用文献】
- 土居正博著『2年生担任のための国語科指導法　低学年のうちに習得させたい国語の学び方』明治図書
- 弥延浩史著『小学校国語　クラス全員が熱中する！話す力・書く力をぐんぐん高めるレシピ50』明治図書
- 文部科学省「小学校学習指導要領（平成29年告示）解説　国語編」

算数

授業づくりのポイント

学習の要所と指導スキル

南　惠介

★ 学習内容例

月	学習内容例
4月	● かけ算の導入 ● ひょうとグラフ ● たし算とひき算の復習 ● たし算の筆算
5月	● ひき算の筆算 ● どんなかずになるのかな（2位数の加減についての演算決定）
6月	● 長さの単位 ● 3けたの数（1000までの数の読み方や書き方，大きさ，大小や相対等を表す記号）
7月	● 水のかさの単位（1Lとml，dlの単位関係） ● 時刻と時間（時刻と時間の概念，一日と時間，1時間と分の関係，午前と午後）
9月	● 計算の工夫（結合法則） ● たし算とひき算の筆算（和が3位数になるたし算，差が2位数になるひき算）
10月	● 三角形と長方形と正方形（辺，頂点，直角，長方形，正方形，直角三角形） ● かけ算（乗法の意味，九九の習熟）
11月	● かけ算（乗法の意味，九九の習熟）
12月	● かけ算（乗法の意味，九九の習熟） ● たし算，ひき算，かけ算の復習
1月	● 4けたの数（10000までの数の読み方や書き方，大きさ） ● 長いものの長さの単位（メートル，1m＝100㎝）
2月	● 分数（具体物を用いての分数，分割分数）
3月	● はこの形（立体と直方体，立体と平面の関係） ● 2年生の復習

⭐ 身につけたい力

　２年生の算数は大人から見ると一見簡単に見えます。

　しかし，１年生の段階で学習内容が十分に身についていないことがしばしばあります。

　また，ここから上の学年で算数を学習するときに，特に大切にしたい概念や考え方がたくさん出てきます。

　ただ問題が解ければいいのではなく，「たくさん」ふれあわせ，「たくさん」練習して，まさしく自分の身になるところまでを目指していくことが大切です。

　特に大切だと考えるのが次の三つです。

- かけ算の理解と習熟（九九だけでなく，割合の基礎となる）
- たし算とひき算の完全習得
- 素地づくり

　以下に詳しく述べていきます。

⭐ とりもなおさず九九に力を入れる

　年度当初から九九（かけ算）に取り組むことを提案します。

　第２章（p.50）でも提案しましたが，子どもたちに「２年生の算数は，何をするの？」と言うと，多くの子どもたちが「九九！」と即答します。

　その言葉には楽しみにしている反面，全部できるようになるのかなという不安感が入り混じっていますが，ほぼ全員が「かけ算」「九九」に対してとてもやる気になっているうえ，学年全体の学習内容を系統的に見たときに特に問題になるようなところはありません。

　しかも，４月の最初から取り組んでいけば，中だるみはあるとしても，２年生のうちに全員九九の習熟が可能となります。

　２年生の最初から取り組まない理由がありません。

　とはいえ，子どもたちにとって難しい概念を最初から詳しく教えることは必要ありません。

　最初に簡単に細水保宏先生の実践を参考にして，たし算とかけ算の意味の違いを教えます。

　３つの皿の上に２つずつ●を描いたものを提示します。

　「これは，何を表していますか？」

　「『２と２と２』です」

　「他の言い方はないですか？」

　「『２が３つ』あります」

　言うまでもなく，「２と２と２」は，式に表すと「２＋２＋２」となり，「２が３つ」は，「２×３」となります。もし，子どもたちから出なければ，教えてしまえばよいでしょう。

第３章　小学２年の学級づくり＆授業づくり　12か月の仕事術　183

子どもたちに，「2と2と2」はたし算であり，「2が3つ」のことをかけ算ということを伝え，そのまま2の段の九九を，意味を確認しながら（できれば図を使いながら）示していきます。

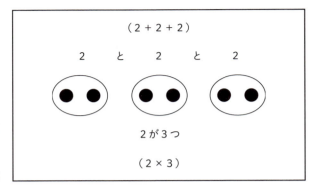

　こうして，とりあえず導入としては必要十分な形でかけ算の導入と2の段の九九の提示をすることができ，なんと算数の授業開きの当日から九九の練習をすることができるようになります。
　もちろん，何のことかわからないと感じる子もいるでしょう。
　しかし，ある程度九九に習熟したころに始める10月からのかけ算の学習は，そうでない場合と比べると格段に易しく感じられるものになります。
　自転車に乗る理屈を教えてから自転車に乗るよりも，自転車にまず乗れるようにしたうえで，その理屈を考えた方が理解しやすいでしょう。
　九九に限らず，まずできるようになってから理屈を考えるという思考の流れは，算数の初学者に対しては大切にしたい考え方だと思います。
　そうして10月から始まるかけ算の学習では，より一層の習熟を目指しつつ，その一方で3年生から始まるわり算の基礎として，また割合の学習の基礎としてしっかり行っていくようにします。

★ たし算とひき算の完全習得

　2年生では，たし算とひき算の筆算の学習が始まります。
　ここでは「筆算」の学習だけをするのではなく，同時にたし算とひき算が十分に理解できていない子の洗い出しと，そこに合わせた復習を行っていくことを考えます。
　可能ならば，2年生の最初のころに簡単にたし算やひき算の確認をしてみるとよいでしょう。
　もし，その部分の理解や習熟が不十分であれば，最初の単元は概ねどの教科書も計算領域からスタートしていませんから，その間に少しでも復習に取り組んでおくとよいでしょう。
　さらに筆算の学習は，繰り上がりや繰り下がりを苦手としている子どもたちにとっては，その考え方を楽にしてくれる場合があります。筆算の学習をスムーズに行うためのたし算やひき算の復習，そしてたし算やひき算の復習を行うための筆算の学習と関連づけて考えて，粘り強く取り組んでいきましょう。

★ 素地づくり

　低学年の学習指導要領に何度も出てくる言葉に「素地づくり」があります。

「素地づくり」とは何でしょう。

　簡単にいえば「何度も何度も（楽しみながら）繰り返して，感覚も含めた経験値を増やしていく」ということになるでしょうか。

　決して狭い意味での知識や学習内容の理解ではなく，体に染み込んで残ったもの，身になっているもの。そして，どこかで知識や事象と出会ったときに「ああ，それわかるかも」と感じたり，考えたりする「もと」になるものと考えればよいでしょうか。

　低学年の内容は教えてしまえば，あっという間に終わるような内容と量に見えますが，時間があるだけ，触れ，試し，繰り返すことができる「時間」と「場」を設け，より多くの経験（友達がしているのを見ることも含めて）ができるようにします。

　それは多くの場合，試行錯誤を多分に含んだ経験となるため，必ずしもペーパーテストに反映されないかもしれませんが，それでも3年生以上の抽象的な概念を含んだ算数に変わっていったときにしっかりした足場の役割を果たすようになります。

★ 時刻と時間

　結構な割合の子どもたちが「難しい」「わからない」と感じるのが時刻と時間，時計の学習です。

　日常的な「素地」がある子は簡単に理解することがありますが，そうでない場合は，いくらわかりやすく，いろいろな方法で工夫してもわからないということがあります。

　そもそもアナログ時計で時間を読むという経験をして育っている子が，今の時代どれくらいいるのでしょうか。

　だからこそ，意図的にアナログ時計に注目し，それを一緒に読み，「あと何分」「これから何分後に」と問いかける経験を積み重ねていき，時計を読むこと，時間を意識することを日常的に行っていくことが大切になります。

　低学年の算数は，まだまだ日常の生活と密接につながっています。

授業づくりのポイント

生活
学習の要所と指導スキル

鈴木　康平

⭐ 学習内容例

月	学習内容例	
4月	● ぼくもわたしも2年生	→教室に1年生を招待し，「1年生を迎える会」を行う。
	● やさいよ大きくなあれ	→夏野菜の種をまいたり，苗を植えたりする。
5月		野菜の世話の仕方を考え，世話をする。
	● すてきな町さがし1	→町探検の計画を立てる。町探検の準備をして探検に行く。
6月		町探検の報告会をする。
	● 生きものとなかよし	→動物の飼育について話し合う。
7月		動物の世話をしたり，かかわったりする。
	● やさいよ大きくなあれ	→大きくなった野菜を収穫する。
9月		冬野菜の種や苗を選び，種をまいたり，苗を植えたりする。
		1学期の経験をもとに，世話の仕方を考え，世話をする。
10月	● うごくおもちゃであそぼう	→身の回りの素材で遊ぶ。
		動くおもちゃを作ったり，友達と一緒に遊んだりする。
		遊ぶ約束やルールを考え，もっと楽しく遊べるようにする。
11月	● すてきな町さがし2	→もう一度町探検に行きたいところを考え，町探検に行く。
		探検をしてわかったことを，自分なりの方法で伝え合う。
12月	● たのしいお正月	→正月の習わしや遊びを調べる。餅をついてみんなで食べる。
		正月のことをまとめたり，正月の遊びで遊んだりする。
1月	● やさいよ大きくなあれ	→冬野菜を収穫する。
		これまでの栽培活動を振り返る。
2月	● 自分たんけんから　未来の自分へ	→自分探検の方法について考え，話し合う。
		自分の成長について，資料を集めて考える。
3月		自分探検したことをまとめ，友達や身近な人と伝え合う。
		これからの未来でがんばりたいことを考える。

※飼育や栽培の活動は常時活動を含みます。
※生活経験を含めた児童の実態や，地域環境等の把握をし，適切な内容や時数を検討します。

★ 生活科で大切にしたい「気づき」の質の高まり

　生活科では，気づきの質を高めることが大切だといわれています。「気づき」とは，学習指導要領解説の生活編では次のように説明されています。
- 対象に対する一人一人の認識であり，児童の主体的な活動によって生まれるもの
- 知的な側面だけではなく，情意的な側面も含まれる
- 生活科では特に自分自身についての気づきを大切にしている
- 気づきは確かな認識へとつながるもの

　気づきは，無自覚だったものが自覚されたり，個別の気づきが関連づけられたり，自分自身についての気づきが生まれたりすることで，質的に高まっていきます。このような気づきの質の高まりを目指すことが，生活科の授業が充実していくポイントといえると思います。

★ 気づきの質を高めるための授業構想の工夫

　気づきの質を高めるためには，体験活動と表現活動とを豊かに行きつ戻りつする相互作用を意識して指導していくことが大切だと考えます。子どもたちは体験活動を通して何度も対象とかかわりながら，表現し考えることを繰り返していきます。体験活動で得た気づきは表現活動を通して明確になっていくのです。

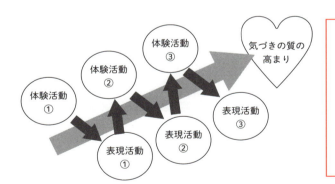

〈体験活動の充実のために…〉
(1)試行錯誤や繰り返す活動を設定する
(2)児童の多様性を生かす
〈表現活動の充実のために…〉
(1)伝え合い交流する場を工夫する
(2)振り返り表現する場を設ける

　例えば，動くおもちゃを作って遊ぶ学習において，風で動く自動車をもっと速く走らせたいと思いをもつ子どもたちがいるとします。きっと，どのような帆を作れば速く動くのか，条件を変え，繰り返し作り直すことをするでしょう。その中で子どもたちが作る帆はいろいろな形があり，互いに話し合ったり，遊んだりして交流することを通して，よりよい帆の形に気づいていきます。そして自分の思い通りの帆を作り，楽しく遊べた児童はそのことを振り返り，どのようにするとよくできたのか，明確に考えることができると思います。このように，体験活動と表現活動の具体を見通し，どのような授業を構想するのかがとても大切になります。

⭐ 実践例「やさいよ大きくなあれ」 指導の工夫

　２年生の４・５月から夏野菜の栽培を扱う学校が多いと思います。２年生の子どもたちにとって，自分の育てる野菜が成長し，収穫をしたときの感動はとても大きなものです。そして，野菜を育て上げることができた自分自身にも成長を感じることができるでしょう。

　授業を進めるうえで，子どもたちが思う存分野菜の世話をしたり，野菜の成長に気づいたりして，気づきの質を高めていくことができるような工夫を紹介します。

❶ 学習環境構成の工夫

　子どもたちがやりたいことにじっくり取り組み，体験活動を充実させることができるようにするためには，学習環境を整えることが大切です。例えば，野菜にかかわる書籍を「野菜図書コーナー」として教室に設置しておけば，子どもたちは，必要な情報をすぐに調べ，自分の世話に生かしていくことができるでしょう。

　また，「野菜図書コーナー」には，授業で話し合ったことを掲示しておくことで，学びを振り返り，次の活動につなげていくことができると思います。

　それから，野菜の栽培に使うことができる道具を集めた「栽培道具コーナー」を設置することも有効です。子どもたちにとって，「やりたいときにできない」という状況が，学習意欲を削ぐ原因になります。子どもたちは一人一人やりたい世話が違うことが考えられますし，自分の野菜にとって必要な道具が違うこともあります。自分が考えた世話にすぐに取り組むことができるように，道具を用意しておくことで，子どもたちの活動を後押しすることができるでしょう。なお，野菜の成長の様子や，単元の進度，子どもたちの実態に合わせて，置いておく道具や更新していきます。どんな道具を置くのか，授業の中で子どもたちと話し合って決める１時間を設定するのもおもしろいですね。

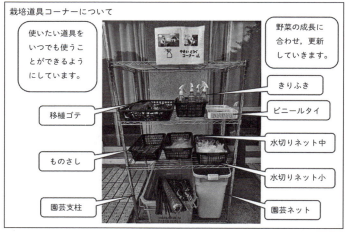

❷ 学びを振り返り表現する活動の工夫

　子どもたちが自分の成長に気づいたり，対象とかかわりを深めたりしたことに気づくことができるように，学びを振り返り表現する活動を，単元の中に意図的・計画的に設定することが大切です。例えば，野菜の栽培では，世話をしたり，観察をしたりしてわかった野菜の成長の様子を，振り返って表現することができるような表現物の作成を計画するとよいでしょう。

やさいぐんぐんブック

やさいぐんぐんブックを活用し，
友達と野菜の世話を比較しながら振り返る様子

　上の写真は，「やさいぐんぐんブック」という表現物です。「やさいぐんぐんブック」は，画用紙に育てている野菜の写真を貼り付け，つなげていったものです。野菜について気づいたことや，世話の仕方，世話をする自分の思いなどを表現することで，体験したことを振り返り表現することができます。また，野菜の世話を友達と比較して振り返ったり，育て始めたときの野菜と今の野菜の様子を比較して振り返ったりする際にも活用することができます。このような表現物を活用すると，野菜の成長や，野菜への自分の思いが可視化され，自分自身がどのように野菜にかかわってきたかを捉えやすくなります。

　また，ICT端末を活用した表現活動を設定することも考えられます。野菜の様子を写真や動画で記録しておくことで，あとで活動を振り返る際の拠りどころとすることができます。ICT端末を活用する際には，デジタルとアナログの両方のよさに目を向けるとよいと思います。従来の絵や文でかいて振り返る方法では，子どもたちが特に心に残ったことやものを振り返り表現されることが多いと考えます。そういった子どもたちの内面にしっかり目を向け，見取りを行うことで，子どもたち目線で授業を構想していきましょう。

【参考文献】
● 文部科学省「小学校学習指導要領（平成29年告示）解説　生活編」

音楽

学習の要所と指導スキル

授業づくりのポイント

前波　恵美子

⭐ 学習内容例

月	学習内容例
4月	● 一年の見通しをもたせる ● 「子犬のビンゴ」や「ロンドン橋」を歌って音楽でつながろう
5月	● 拍のまとまりを意識して「メヌエット」を聴こう ● 「はしのうえで」や「たぬきのたいこ」を歌い，拍のまとまりを感じ取ろう
6月	● リズムを重ねて「いるかはざんぶらこ」を演奏しよう ● 実技のテスト
7月	● 鍵盤ハーモニカで旋律あそびをしよう ● 1学期の復習
9月	● 行事に向けて練習しよう ● 旋律の繰り返しに気をつけて「トルコ行進曲」を聴こう
10月	● 本番に向けて練習しよう ● 気持ちを合わせよう
11月	● 行事本番 ● 実技のテスト
12月	● いろいろな打楽器の音を重ねて「かぼちゃ」を演奏しよう ● 2学期の復習
1月	● 様子を思い浮かべながら，「卵の殻をつけたひなどりのバレエ」を聴こう ● 様子を思い浮かべながら，「こぎつね」や「夕焼けこやけ」を歌おう
2月	● 異学年交流をしよう ● 日本の歌でつながろう
3月	● 実技のテスト ● 2年生の総復習

⭐ 身につけたい力

①拍のまとまりを感じ取る力
②様子を思い浮かべる力
③いろいろな楽器の音を探す力
④日本の歌でつながる力
⑤みんなで合わせて音楽を楽しむ力

　つけたい力を意識しながらも，楽しく活動できるように年度のはじめに一年間の計画を立てます。2年生の発達段階に合わせて身につけたい力を五つ挙げて説明します。

⭐ 拍のまとまりを感じ取る力を育てるために

　教科書の教材を用いる前に，音楽の時間の最初に常時活動を行います。流行っている曲に合わせて，右手で左肩を8回叩き，左手で右肩を8回叩き，同じく4回，4回，2回，2回，1回，1回，最後は手拍子でパン。「8・8・4・4・2・2・1・1・パンをやるよ！」と言うと子どもたちはノリノリで応じてくれます。すぐに効果は出ませんが，4拍子の拍のまとまりを少しずつ感じてもらえるよう継続的に行っています。

⭐ 様子を思い浮かべる力を育てるために…国語と連携

　様子を思い浮かべながら歌ったり，聴いたり，演奏したりすることができるように，2年生の教科書にはかわいい素敵な曲が載っています。それらを学習することはもちろんですが，国語の教科書教材や学習発表会などと連携させてはどうでしょうか。
　例えば「お手紙」の音楽物語では，お手紙をもらったことがなかったがまくんの「かなしい気分」を顔の表情もつけて歌い，豊かに表現することができます。「スーホの白い馬」では，スーホが心を込めて，世話をした子馬のことを冒頭で歌いますが，それはそれはかわいかったのだろうなと思わせる歌に仕上げます。「スイミー」では，「こんぶやわかめのはやし」「いそぎんちゃく」になりきって振り付けも自分たちで考えたり，スイミーがだんだん元気を取り戻す様子をいきいきと歌に

したりして表現することができます。

　行事に向けて見栄えをよくしないといけないし，全員に活躍の場を与えたい！と子どもを追い立てがちですが，子どもたちの「表現したい」という思いを大切に，学習を進めていきましょう。

★ いろいろな楽器の音を探す力を育てるために

　音楽室には子どもたちにとって魅力的なものがいっぱいあります。でも子どもはなかなか触らせてもらえません。それってもったいなくありませんか？

　楽器の素材による音色の違いを感じ取ろうにも，実体験を伴わないことには無理だと考えます。教室で音楽の授業をする場合でも，音楽室からいろいろな楽器を借りてきます。まずは，一定のルールの中で自由に楽器に触れられる時間を確保します。本来の音の出し方ではないかもしれませんが，お気に入りの音を見つけられる時間となるようにします。

　自由に音を楽しんだ後には，きれいな音を出すための奏法も伝えます。教科書付属の授業支援DVDは，楽器やマレットの持ち方から動画で詳しく説明されているので活用しましょう。

　鉄琴・木琴・小太鼓・大太鼓などは数に限りがあるのでなかなか回ってきません。待ち時間が長いと退屈な時間ができてしまいますので，右写真のように小型の楽器は多めに用意をしてください。

　好きな楽器を見つけたら，今度はグループの友達と楽器の音の組み合わせを楽しみます。楽器の音色に興味をもち，リズムをつなげたり重ねたりする活動に主体的・協働的に取り組めているかが評価する際のポイントにもなります。

★ 日本の歌でつながる力を育てるために

　わらべうたは，心地よいリズムにのせて，日本語に自然な旋律がついています。
　「なべなべそこぬけ」は，3音で歌いやすく，友達と一緒に遊ぶのにももってこいです。ま

ずはペアで手をつなぎ，手をつないだまま
体を回して背中合わせになります。できる
ようになったら，そのペアともう一つのペ
アが合体して4人グループで挑戦します。
うまくできたら8人グループでやってみる。
どんどん増やして，クラス全員でちぎれな
いようにするにはどうしたらよいか，ぜひ
子どもたちに考えさせてください。はじめ
は，つないだ手が離れたり，慌てすぎてこ

ろんだりとうまくいきませんが，クラスみんなでできたときの達成感は格別です。

「あんたがたどこさ」は，一人でボールつきをしてもおもしろいですが，これもペアでする
とより楽しい活動となります。「〇〇さ」で区切ることによって，フレーズの長さが次々に変
わるところが特徴的です。歌いながら「さ」が来たらハイタッチするように伝えます。はじめ
は，ずれてうまくいきませんが，そこでクスクスッと笑いが出たら，「どうして？」と子ども
に聞いてみます。「だって1回目のサと間隔が違うもん！」と子どもなりの気づきが出てくる
でしょう。何拍子なのかわからないのが，独特でなんともおもしろいところです。歌いながら
手をつないで回ったり，歌いながらハイタッチしたりと，わらべうたで遊ぶことは，音楽を通
して社会性を学ぶ貴重な経験となります。

★ みんなで合わせて音楽を楽しむ力を育てるために

元気に歌って，鍵盤ハーモニカも一生懸
命演奏する2年生はとても素敵です。3学
期には一段階進んで，お互いの歌声や楽器
の音に耳を傾け，みんなで合わせて演奏す
る楽しさを感じられるようにします。歌唱
曲ではペアで歌ったりグループで歌ったり
して少しずつ友達の声に意識を向けられる
ようにします。歌，鍵盤ハーモニカ，低音
パートと三つのパートに分かれて曲を練習

したのち，同時に演奏して音の重なりを意識させるのもよいですね。2年生段階で友達の音を
意識できると，3年生でリコーダーを学習する際にもつながります。

【参考文献】
● 清村百合子・小島律子監修『三訂版 小学校音楽科の学習指導』あかつき教育図書

授業づくりのポイント

図画工作

学習の要所と指導スキル

岡田　順子

⭐ 学習内容例

月	学習内容例
4月	● わたしの好きな春を描こう［絵］（授業開きの項（p.56）で紹介した内容） ● こねこねぺったん粘土でつくろう［立体］（授業開きの項で紹介した内容）
5月	● 教室のまどが大変身［造形遊び］ （好きなように切ったカラーフィルムを濡らすと，ガラスにペタペタくっつく）
6月	● びっくりたまてばこ［工作］ （飛び出す工夫を使って，箱から飛び出すものをつくって遊ぶ）
7月	● 手で描こう［絵］（液体粘土や絵の具を直接手で感じながら描く） ● 野菜でぺったん［絵］（生活科で育てた野菜がスタンプにもなる）
9月	● みんなでつくろう新聞大国［造形遊び］ （新聞紙を使った単元は多くある。思いきり広いスペースで行う）
10月	● 葉っぱのお面で大変身［造形遊び］ （生活科とあわせて，落ち葉や木の実を使ったハロウィンごっこはいかが）
11月	● ひみつのとびら［工作］ （カッターで窓をつくる学習では，開くと中の絵が見えるようにすれば楽しさ倍増）
12月	● なにに見えるかな［絵］ （コラージュは，好きに切らせて，見立てるところに時間をかける）
1月	● 6年生にプレゼントをつくろう［立体］ （お世話になった6年生に，紙粘土でペープサートやペン立てをつくる）
2月	● 作品の題名当てクイズ［鑑賞］ （仲間の作品や，身近な作品をよく見て，題名を考える）
3月	● ころころローラー［絵］ （自由にローラーを動かして，できた模様から発想をふくらませる）

※上記にまとめた単元は，内容の例で，年間すべての内容ではありません。

どのように単元をつくっていくか

　図画工作科における表現は，「発想や構想に関する事項」と「技能に関する事項」に分けて内容が整理されています。これは，絵を描くにせよ，立体をつくるにせよ，この二つの事項が互いに高まり合わなければ，自分のつくりたいものをつくることができないからです。

　少し詳しく説明します。例えば，2年生の教科書単元にある，カッターを使って建物などの形をつくる工作を考えてみます。

　子どもは，作品例を見たり，材料のカラフルな厚紙に触れたりすることで，「お城のような建物をつくろう」「ケーキ屋さんをつくろう」などとつくりたいもののイメージをふくらませます。しかし，新たに扱うカッターの技能が未熟だと，うまく厚紙をイメージする形に切ることができません。そこで，カッターの技能を高める指導が必要になります。

　カッターの技能が高まってきた子どもは，「窓をくり抜くこともできそうだ」「アーチ型に切ってみようかな」とさらに発想がふくらみ，つくりたい形が複雑になっていきます。そこで，アーチ型に切るときは紙を回転させるとよいことや，扉をつくるには一辺を切らずに残すことなど，知識・技能を習得する必要が出てきます。

　このように，「発想や構想に関する事項」と「技能に関する事項」が，一つの単元の中で折り重なるように高められることで，表現が豊かになっていくのです。教師は，「描かせっぱなし」「つくらせっぱなし」にせずに，発想をふくらませる時間と，技能を高める時間を必要に応じて繰り返し設定し，子どもたちが思うように表現できるよう指導していきます。

　また，低学年で大いに味わってほしいのが「造形遊び」をはじめとした，材料と直接十分にかかわる体験です。近年の子どもたちは，ゲーム等のバーチャルな世界に触れる機会が多く，かつての小学生よりも経験豊富ですが，手や体を使って素材を味わう実体験は少なくなっているように感じます。

　粘土や砂に思いきり触れて形をつくることや，いろいろな紙の硬さや切れ方の違い，のりや絵の具に手で触れ，延ばしたりぬったりすること，時には落ち葉や小石などの自然物の色のおもしろさに目を向けること，これらの経験を通して，感性を育んだり，豊かな情操を培ったりすることができると考えます。

　指を使って絵の具で描く絵の単元では，はじめは恐る恐る，だんだん気持ちよくなり，最後には思いっきりのびのびと手を動かす子どもの姿が見られます。低学年ではぜひ，このように体で材料を感じる活動を存分に味わい，感性を育んでほしいです。

発想のふくらませ方

　2年生の絵は，「見える通りに描く」というよりは，「思う通りに描く」ということが多い時

期です。一枚の絵の中にいくつもの視点があったり，家や乗り物の中にあるものが透けて見えるように描いたりすることも多いです。

　だから，手が止まってしまう子どもの発想をふくらませようと思ったら，その子がどんな視点でできごとを見て，どんなストーリーで描こうとしているのかを引き出すことが大切です。

　そこで，絵を描く場合は，作品との対話が有効です。「何が始まるのかな」「何が出てくるかな」「何に見えるかな」２年生の単元では，このような想像をふくらませて描く絵の単元がたくさん教科書に掲載されています。子どもたちにそう問いかけ，答えさせる形で発想を引き出していくのです。

　「僕がこの穴に入ったらね，ありの町があるの。この部屋ではありの子どもが遊んでいて，おもちゃがたくさん置いてあるんだよ。こっちの部屋にはお菓子があって，ありたちが運んできた飴玉やクッキーが隠してあるんだよ」「へー，すごい楽しそう。秘密基地みたいだね！」こうやって，教師は子どもの話を引き出しましょう。仲間との対話，イメージマップなど，様々な方法で，発想をふくらませる工夫をすると，子どもたちのヒントになるでしょう。

⭐ 身につけたい技能

　２年生では，身近な材料や用具をスムーズに使えるように，活動を通して技能を身につける必要があります。どんなに豊かに発想をふくらませても，はさみ，のり，カッターなどの技能が身についていないと，作品が思うようにできず，図画工作嫌いになってしまう可能性もあります。中には上手に扱う子もいますが，まずは丁寧に正しい扱い方を教えていきましょう。

　はさみやカッターは，練習用の紙で十分に試す時間をつくると安心です。また，安全のための指導はしっかりと行います。

　よく見られるのは，紙を接着する際に，子どもたちが日常的に使い慣れているセロハンテープを使いたがる場面です。セロハンテープは簡単に付けられますが，工作では見た目が悪くなる，上から色をぬりにくいなどの短所もあります。子どもたちにはその短所を伝えたうえで，のりでの接着をさせていきます。

　のりやボンドは，薄くぬった方が早くきれいに付くこと。乾くまで，洗濯ばさみで留めたり，押さえておいたりするとよいことなど，コツを実際に見せて伝えるとよいです。

⭐ 鑑賞のポイント

　２年生で，互いの作品を鑑賞し合う場合，鑑賞をする前に，造形的な見方・考え方を指導します。造形的な見方・考え方とは，形や色のおもしろさや，その人が何を表したかったのかに目を向けるということです。

例えば，仲間の絵を鑑賞する際，「いいと思ったところを書きましょう」と指示すると，「○○が上手です」「○○がかわいいです」「○○がすごいです」といった記述がたくさん書かれます。これは，子どもは全体を見て上手か下手かという見方をしがちだからです。

　そこで，「形や色をよく見て，○○さんが伝えたかったことがよくわかるなあと思うところを見つけて，発表しましょう」と投げかけてみてください。すぐに見つからなかったら，教師から一つ例を挙げてもよいです。

　すると，「りんごが真っ赤でおいしそうだとわかりました」「目が大きく開いていて，びっくりしていることがわかります」といった見方ができるようになっていきます。

　こうした鑑賞の仕方は，作品を上手下手で見るのではなく，何を表現しているのか，「作品を通してその人物や背景を見る」という鑑賞の仕方の基礎を築くことができます。

⭐ 図画工作科だからできること

　図画工作科はすばらしい教科です。なぜなら，全員の答えが違っていい教科だからです。しかし，間違いを恐れてのびのびと表現できない子どもが多くいます。そんなとき私はこう言います。

　「自分で決めていいんだよ。人と違っていいんだよ。間違いなんてないよ。ただね，雑にしたらいいものはできないから，丁寧に大事につくるんだよ。大事につくったものは全部あなたの宝物だよ」

　人とは違う，自分だけのお気に入りをつくる。この楽しさを知った子どもたちはみんな，図工大好き！となります。「その子らしさが表現できることが一番いい」図画工作科は，それができる教科です。

ローラーで描いた海に魚を描いた共同作品

体育

学習の要所と指導スキル

鈴木　裕也

★ 学習内容例

月	学習内容例
4月	● 体つくりの運動遊び［体ほぐしの運動遊び］ ● 走・跳の運動遊び［走の運動遊び］
5月	● 走・跳の運動遊び［走の運動遊び］ ● 器械・器具を使っての運動遊び［マットを使った運動遊び］
6月	● 器械・器具を使っての運動遊び［マットを使った運動遊び］ ● 水遊び
7月	● 水遊び
9月	● 体つくりの運動遊び［多様な動きをつくる運動遊び］ ● 表現リズム遊び［リズム遊び］
10月	● 表現リズム遊び［リズム遊び］
11月	● 器械・器具を使っての運動遊び［跳び箱を使った運動遊び］ ● ゲーム［鬼遊び］
12月	● ゲーム［鬼遊び］
1月	● 走・跳の運動遊び［跳の運動遊び］ ● 表現リズム遊び［表現遊び］
2月	● 体つくりの運動遊び［多様な動きをつくる運動遊び］ ● ゲーム［ボールゲーム］
3月	● ゲーム［ボールゲーム］

※器械・器具を使っての運動遊び内の「固定施設を使った運動遊び」及び「鉄棒を使った運動遊び」は，前年度の1年生で指導することを想定しています。

★ 「遊び」を通して多様な動きを身につける

　小学校学習指導要領（体育）では，各学年の目標及び内容は低・中・高学年ごとに記されています。それぞれの領域の指導内容や，「例えばこのような動きがありますよ」といった例示，苦手な児童への配慮の例，意欲的でない児童への配慮の例など，とても丁寧に記されています。各自治体によっては，教師用の手引書があるかもしれませんが，あらためて読むことできっと新たな発見が得られると思います。

　２年生までは，「〇〇遊び」と表記されています。「遊び」というと，休み時間や放課後など，自由に遊んでいる姿を思い浮かべる人もいると思います。「遊びだから楽しければそれでいいのかな……」「子どもは楽しそうだし……」「でも評価しないと……」「結局『遊び』って何？」と，不安なまま子どもたちの前に立っている先生はいませんか？　学習指導要領解説では，低学年の六つの領域が，「〇〇遊びは，△△する楽しさに触れることができる運動遊び」などという形で記されています。例えば，「C　走・跳の運動遊び」では，「いろいろなレーンを走ったりリズムよく跳んだりする楽しさに触れることができる運動遊び」と記されています。これをふまえると「自由に追いかけっこをしていればよい」ということではなさそうです。

　中学年以降の「運動」につなげていくためにも，一人一人の子どもが各領域の特性に触れながら，「遊び」を通して楽しみながら多様な動きを身につけることが重要です。

学年	1・2	3・4	5・6
領域	体つくりの運動遊び	体つくり運動	
	器械・器具を使っての運動遊び	器械運動	
	走・跳の運動遊び	走・跳の運動	陸上運動
	水遊び	水泳運動	
	ゲーム		ボール運動
	表現リズム遊び	表現運動	
	保健		

★ 「遊び」の先に「運動」がある

　高学年の陸上運動では，ハードル走を指導することになっています。例示には，ハードル間の歩数や，踏み切る足などについて記されています。しかし，高学年の例示にある歩数や踏み切る足の指導を，２年生の子どもたちに行ったらどうでしょうか。それは，もう「走の運動遊び」ではなく，「ハードル走」を教えるための授業になってしまいます。白旗（2019）は，「い

くつもの動きが組み合わさって様々な技能を形成していく技能の土台，それが『動き』に当たる」と述べています。指導者の頭の中に，学びの系統があることを知っておくことは重要です。しかし，だからといって2年生でハードル走を指導するわけではありません。

　では，ハードル走につながるような「動き」「遊び」とは何でしょうか。実はここが，授業をつくるうえで，指導者が本来楽しみながら考えていきたいところです。2年生の子どもたちは，歩数や踏み切る足など関係なく，走っている最中に障害物があるだけで越えたくなるのではないでしょうか。段ボールなどで作った低い障害物をレーンに置き，走りながら越えるだけでも，単元前半は十分楽しめます。単元後半では，中学年以降の系統を頭に思い浮かべながら，様々な間隔で低い障害物を用意したり，高さを変えてみたり，リレー遊びの要素を追加してみたりすることで，子どもは自然と「リズムよく跳ぶ『楽しさ』」に触れることができます。

　これらは，走の運動遊びだけでなく，他領域にもいえます。もしも，2年生の子どもたちに「サッカーを教えなくちゃ」「減速の少ないバトンパスを教えないと」といった考えをもっていたら，それは誤りです。2年生までは「遊び」です。様々な遊びや動きを通して，「運動」につながるような授業づくりを目指しましょう。

⭐ 「遊び」に幅がある

　言われたことだけに従って動く人のことを，「指示待ち人間」と表現することがあります。予測困難な社会において，子どもたちには自分の頭で考えて行動できる人になってもらいたいですよね。ではなぜ，言われたことしか動かないのでしょうか。「D　水遊び」を例に考えてみたいと思います。

　水遊びは，「ア　水の中を移動する運動遊び」「イ　もぐる・浮く運動遊び」で構成されています。例えば，浮く運動遊びを指導する際，先生の笛の合図で子ども全員が壁につかまり一斉に子どもが浮く，今度は先生の笛の合図で全員がビート板につかまって浮く，また次も先生の笛の合図で……と，笛の合図で授業が進み，それ以外の活動は許されない，といった授業の構成があったとします。子どもの気持ちを想像したとき，どんな声が聞こえてきそうでしょうか。「壁につかまっても怖くて浮けないな……」「何もつかまらないで一人で浮きたい！」「友達と両手をつないで一緒に浮いてみたい！」などの声が聞こえてきそうです。「浮く運動遊び」といっても，その遊びの幅はとても広そうです。各学校の指導計画に沿って，「今日は『浮く運動遊び』を指導する時間」というのは，もちろん考えられます。ただ，そこに子どもが自分で動きを考える幅が残されていなかったり，「みんな一緒」を前提に授業が進んだりすることで，自分の頭で考える必要がなくなり，冒頭のような「言われたことにしか動かない子ども」につながってしまうのではないでしょうか。

　授業の中に遊びの幅があることで，きっと子どもたちは工夫して遊びをつくりだすと思いま

す。「これはどうかな」「あれもやってみたい」など，様々なことを試しながら課題を達成する姿が期待できます。「言われたことにしか動かない」のではなく，「動けない」授業の構成になっていないか，常に授業改善の視点を大切にしたいです。

　水遊びを例にとりましたが，他の領域においても同じことがいえます。領域の特性を先生方自身が理解し，そのうえで子ども自身が工夫できる余地を残す，そうすることで，子どもたち一人一人のいきいきとした表情や行動がきっと見られると思います。

★ 「友達の○○を見ましょう」

　2年生になり，体育の学習に限らず，あらゆる場面で友達とのかかわりは増えてきます。友達と一緒に過ごすことで，自分一人では経験できないこともたくさん味わうことができます。一方で，人と人がかかわる以上，思い通りにならずトラブルになってしまうこともあります。こうしたうまくいかない経験も力に変えて，乗り越えていってもらいたいものです。

　実態にもよりますが，2年生という発達段階を考えれば，大人数の中で多くの人とかかわるよりも，ペアや3人組など，少ない人数の中で多くのかかわりをもてるようにすることが大切です。こうした1・2年生で培った少人数との豊かなかかわりが，中学年以降の集団とのかかわりを豊かにするうえで大切な土台になると考えるからです。

　多くの学校では，水泳学習の際，バディシステム（ペアでの学習）を取り入れているのではないでしょうか。安全面から，友達の体調や表情を見てあげることは重要です。それらに加えて，友達の具体的な動きについて，見る視点を与えてあげるのはどうでしょうか。

　例えば，バブリングやボビングを指導する際，陸上から見ているバディが水中にいる友達に対して，「水面から泡がブクブク出ているか」を，○や×で伝えてあげるのです。「友達を見ましょう」では，文字通りただ見るだけになります。そこに，「泡がブクブク出ているか」といった具体的な視点を与えるのです。さらに，その出来を○や×で友達に伝えるようにします。こうしたかかわり方まで指導することで，見る方の子どもの視点も明確になります。まずは，できていたかどうかの判断を○や×で表すだけでもよいと思います。他にも，水中宝拾いの際，陸上から宝の場所を教えてあげるなどのかかわりも考えられます。

　他領域でバディシステムを活用するとしたらどうでしょうか。「かえるの足打ちで何回打ててた？」（マットを使った運動遊び），「馬跳びのとき，両手で着けてた？」（跳び箱を使った運動遊び），「タグをいくつ取ってた？」（鬼遊び）など，十分見合うことができそうです。大切なことは，「友達を見ましょう」という抽象的な指示ではなく，「何を」「どのくらい」「どうやって」など具体的な視点を与えてあげることです。

【参考・引用文献】
● 文部科学省「小学校学習指導要領（平成29年告示）解説 体育編」
● 白旗和也著『小学校 これだけは知っておきたい 新「体育授業」の基本』東洋館出版社

授業づくりのポイント

特別の教科　道徳

学習の要所と指導スキル

宇野　弘恵

⭐ 学習内容例

月	学習内容例
4月	● オリエンテーション（道徳の学習って？） ● 善悪の判断，自律，自由と責任（よいことと悪いこととの区別をし，よいと思うことを進んで行う）
5月	● 感謝（家族など日頃世話になっている人々に感謝する） ● 友情，信頼（友達と仲良くし，助け合う）
6月	● よりよい学校生活，集団生活の充実（先生を敬愛し，学校の人々に親しんで，学級や学校の生活を楽しくする） ● 個性の伸長（自分の特徴に気づく）
7月	● 正直，誠実（うそやごまかしをせず，素直にのびのびと生活する）
9月	● 伝統と文化の尊重，国や郷土を愛する態度（我が国や郷土の文化と生活に親しみ，愛着をもつ） ● 礼儀（気持ちのよい挨拶，言葉遣い，動作などに心がけて，明るく接する）
10月	● 自然愛護（身近な自然に親しみ，動植物に優しい心で接する） ● 勤労，公共の精神（働くことのよさを知り，みんなのために働く）
11月	● 希望と勇気，努力と強い意志（自分のやるべきことをしっかりと行う） ● 親切，思いやり（身近にいる人に温かい心で接し，親切にする）
12月	● 公正，公平，社会主義（自分の好き嫌いにとらわれないで接する） ● 感動，畏敬の念（美しいものに触れ，すがすがしい心をもつ）
1月	● 家族愛，家庭生活の充実（父母，祖父母を敬愛し，進んで家の手伝いなどをして，家族の役に立つ）
2月	● 節度，節制（健康や安全に気をつけ，物や金銭を大切にし，身の回りを整え，わがままをしないで，規則正しい生活をする） ● 国際理解，国際親善（他国の人々や文化に親しむ）
3月	● 生命の尊さ（生きることのすばらしさを知り，生命を大切にする）

⭐ 身につけたい力

　2年生は，まだ抽象的な思考をすることが難しく，目に見えるものや具体的なできごとに関心をもつ傾向があります。また，自分が実際に体験したことや感じたことをもとに考えるため，客観的に物事を見たり他者視点で考えたりすることはまだ上手ではありません。感情がそのまま言動に表れてしまいがちなことも2年生の特徴の一つです。

　こうした特徴をふまえ，道徳の学習を通して身につけたい力を以下のように設定しました。

〈具体的な体験を通じた道徳的な判断力〉

　物語や具体的な例を通して善悪の区別を学び，自分の行動が他者に与える影響を理解する力。

〈自己理解と感情のコントロール〉

　自分の感情を認識し，それを適切に表現する方法を学ぶ力。

〈共感と思いやり〉

　他者の気持ちや立場を理解し，思いやりをもって接する力。

〈協力とコミュニケーション能力〉

　友達や周りの人と協力し支え合うことで，よりよい関係を築く力。

⭐ 物語や具体例をわかりやすく提示する

　道徳の教科書教材は読み物がほとんどで，国語の物語教材に比べると文章量は少なめです。登場人物もさほど多くはありませんが，2年生にとっては関係性がつかみにくいものもあります。特に読みを苦手とする子は，教材文を音読するだけでは概要や関係性を読み解きにくいでしょう。

　誰が登場し，それらがどう関係し問題を引き起こしているかがわからなければ，道徳的問いを考えることなどできません。登場人物とその関係性，できごとを時系列で押さえることは，全員が授業の入り口に立つための必須事項なのです。

　例えば，以下のような教材文があったとします。

> 　今日はダンス発表会です。ちさとさんと同じチームには，なかよしのあい子さんがいます。でも，ダンスが苦手でいつも失敗が多いりりこさんも同じチームなので「ちょっと嫌だな」と思っていました。
>
> 　発表が始まってすぐ，あい子さんはジャンプをミスしてしまいました。ちさとさんは小さな声で，
> 「ドンマイ！　気にしないよ！」
> と言いました。あい子さんは笑顔で応え，その後，ミスなくダンスが続きました。
>
> 　しかし，最後のポーズをとるときに，りりこさんがジャンプをミスしてしまいました。ちさとさんは「やっぱり，りりこさんはダンスがへただから……」と思い，

第3章　小学2年の学級づくり＆授業づくり　12か月の仕事術　203

「ちゃんとやってくれないと，私たちの発表がだいなしだよ！」
と言いました。りりこさんは，下を向いてしまいました。
　そのとき，観客席にいたまなみさんが，りりこさんに声をかけました。
「りりこさん，大丈夫だよ！　りりこさんの一生懸命な気持ちがダンスに出ていたよ！」
　それを聞いたりりこさんは，笑顔になりました。
　ちさとさんは，まなみさんの言葉にびっくりしました。（わたしも，りりこさんのようにやさしい言葉をかけた方がよかったのかな）と思いました。

　登場人物が4人。全員女の子。名前はみんな3文字。この時点で誰が誰だかわかりません。そこで，下記のような関係図をつくります。一人ずつ名前や関係性を説明しながら順次提示し，セリフの概要を示します。大画面で見せていくのが基本ですが，この画面を消してしまわずに残しておくと便利です。個々のタブレットに配付したり，黒板に大型印刷したものを貼ったりすると，人間関係が混乱したときもすぐに立ち返ることができます。

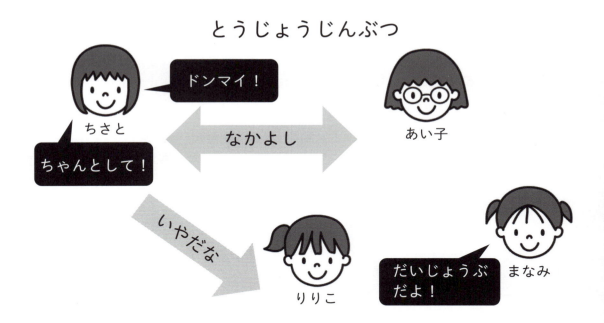

⭐ 視点を変えない

①ちさとさんは，あい子さんにどんな気持ちで「ドンマイ」と言ったのでしょう。

②ちさとさんが，りりこさんに「ちゃんとして」と言ったのは，なぜでしょう。

③りりこさんは，ちさとさんに「ちゃんとして」と言われたとき，どんな気持ちだったでしょう。

④ちさとさんは，まなみさんが「大丈夫」と言うのを見て，どう思ったでしょう。

　四つの発問を比べてみると，③だけ視点が違うことがわかりますね。③以外の問いは学習者がちさとさんの立場になって考えるのに対し，③だけはりりこさんの立場になって考える問いです。

　2年生は，自分が実際に体験したことや感じたことをもとに考えます。ちさとさん視点で心情を疑似体験していたのに，急にりりこさん側に立てと言われてもできません。

　これは，問いにだけいえることではありません。説明や確認などの指導言を発するときも，同一視点で行うことが肝要なのです。

⭐ 「考えを表現する＝書く」ことだけにこだわらない

　2年生は，気持ちや感情を文字や言葉で適切に表現する力が十分ではありません。授業の思考場面や終末で，常に「書く」ことを強いられると，考えること自体に嫌悪感をもつ子もいます。気持ちや感情，思考を明文化，言語化することは大切ではありますが，発達段階に応じ徐々に書く量を増やしていくのがよいでしょう。

　具体的には，

- 文章だけではなく，記号やイラストで表現する
- セリフを書き入れる
- 考える時間を与えた後，対話の時間をとる

などが考えられます。

　文章を書くということは，一人で考えをまとめるということです。一人で静かに思考する価値のあることは書かせ，それ以外は対話などでアウトプットさせる。あるいは，たっぷりアウトプットさせた後に思考を明文化させる。

　そんなメリハリをつけることが，授業を活性化することにもつながります。

【参考文献】
- 文部科学省「小学校学習指導要領（平成29年告示）解説 特別の教科　道徳編」

【執筆者紹介】 ＊執筆順

多賀　一郎	教育アドバイザー
松下　　崇	神奈川県公立小学校
近藤　佳織	新潟県小千谷市立小千谷小学校
田中　博司	東京都公立小学校
髙橋　健一	新潟県新潟市立桜が丘小学校
山田　将由	神奈川県横浜市立六浦小学校
南　　惠介	岡山県公立小学校
渡邊　克吉	山梨県富士河口湖町立船津小学校
鈴木　康平	埼玉大学教育学部附属小学校
前波恵美子	大阪府公立小学校
岡田　順子	新潟県長岡市立栃尾南小学校
鈴木　裕也	神奈川県横浜市立東市ケ尾小学校
宇野　弘恵	北海道公立学校
佐橋　慶彦	愛知県公立小学校
佐藤　　翔	千葉県千葉市立作新小学校
北森　　恵	富山県公立小学校
戸来　友美	北海道公立小学校
深井　正道	埼玉県さいたま市立原山小学校

【編者紹介】

松下　崇（まつした　たかし）

1979年横浜市生まれ。神奈川県公立小学校主幹教諭。日本学級経営学会（JACM）理事。教育サークル・はまの風所属。自身も悩み苦しむ若者の一人であったが，学級づくりを中心に学び続け，学校現場で日夜，全力投球中。

【著者紹介】

チーム・ロケットスタート

学級開き・授業開きや学級づくり・授業づくりに悩むすべての先生を救うため，その道のスペシャリストが集結し，それぞれの英知を伝承すべく組織されたプロジェクトチーム。

〔協力〕多賀一郎

ロケットスタートシリーズ
小学2年の学級づくり&授業づくり　12か月の仕事術

2025年3月初版第1刷刊	©編　者	松　下　　　崇
	著　者	チーム・ロケットスタート
	発行者	藤　原　光　政
	発行所	明治図書出版株式会社

http://www.meijitosho.co.jp
（企画）林　知里　（校正）西浦実夏
〒114-0023　東京都北区滝野川7-46-1
振替00160-5-151318　電話03(5907)6703
ご注文窓口　電話03(5907)6668

＊検印省略　　組版所　長野印刷商工株式会社

本書の無断コピーは，著作権・出版権にふれます。ご注意ください。

Printed in Japan　　　　　ISBN978-4-18-500223-3

もれなくクーポンがもらえる！読者アンケートはこちらから

ロケットスタートシリーズ★

このシリーズで、小学担任の6年間をフルサポート！

全面改訂

学級づくり&授業づくり
12か月の仕事術

※カッコ内4桁数字は図書番号

小学1年（5001）	安藤浩太・土居正博 編	小学4年（5004）	垣内幸太 編
小学2年（5002）	松下 崇 編	小学5年（5005）	松尾英明 編
小学3年（5003）	日野英之 編	小学6年（5006）	鈴木優太 編

チーム・ロケットスタート著／多賀一郎協力　各巻212頁　B5判　3,080円（10％税込）

★姉妹シリーズも好評発売中★

小学1〜6年の絶対成功する授業技術シリーズ
全6巻
各巻　A5判 144頁
2,200円（10％税込）
（4771〜4776）

学級づくり&授業づくりスキルシリーズ
全6巻
各巻　A5判 144頁
1,980円（10％税込）
（4721〜4726）

明治図書

予約・注文はこちらから！明治図書ONLINE→